② 弘前東照宮
青森県弘前市

⑧ 前橋東照宮
群馬県前橋市

⑩ 世良田東照宮
群馬県太田市

⑨ 赤城神社
群馬県前橋市

⑪ 徳川東照宮
群馬県太田市

④ 出羽三山神社
山形県羽黒町

㊶ 日吉東照宮
滋賀県大津市

㊲ 飛騨東照宮
岐阜県高山市

③ 仙台東照宮
宮城県仙台市

㊵ 佐佳枝廼社
福井県福井市

⑦ 日光東照宮
栃木県日光市

⑥ 花園神社
茨城県北茨城市

⑤ 水戸東照宮
茨城県水戸市

⑫ 仙波東照宮
埼玉県川越市

⑬ 古尾谷八幡神社
埼玉県川越市

⑱ 八日市場東照宮
千葉県匝瑳市

⑭ 忍東照宮
埼玉県行田市

⑲ 上野東照宮
東京都台東区

⑮ 三峯神社
埼玉県秩父市

⑳ 浅草神社
東京都台東区

⑯ 秩父神社
埼玉県秩父市

㉑ 芝大神宮
東京都港区

⑰ 大宮住吉神社
埼玉県坂戸市

㉒ 芝東照宮
東京都港区

㊳ 伊賀東照宮
三重県伊賀市

㉔ 久能山東照宮
静岡県静岡市

㉓ 大國魂神社
東京都府中市

㉛ 鳳来山東照宮
愛知県新城市

㉞ 瀧山東照宮
愛知県岡崎市

㉕ 静岡浅間神社
静岡県静岡市

㉜ 龍城神社
愛知県岡崎市

㉟ 松平東照宮
愛知県豊田市

㉖ 長窪東照宮
静岡県長泉町

㉝ 伊賀八幡宮
愛知県岡崎市

㊱ 名古屋東照宮
愛知県名古屋市

㉗ 城岡神社
静岡県沼津市

㉘ 田中神社
静岡県藤枝市

㊴ 豊崎神社
大阪府大阪市

㉙ 五社神社
静岡県浜松市

㊷ 紀州東照宮
和歌山県和歌山市

㉚ 諏訪神社
静岡県浜松市

上野東照宮

現地の人に聞く！
日光修学旅行ガイド

日光市観光協会 監修

はじめに

　山、湖、滝、湿原など、ゆたかで美しい自然にめぐまれた日光は、古くから信仰の場となり、日光東照宮をはじめとした社寺が建てられ、たくさんの人びとが訪れる門前町として栄えました。いまでは、日光の社寺が、ユネスコの世界遺産に登録され、戦場ヶ原をはじめとした奥日光の湿原が、ラムサール条約登録湿地となり、日光は、世界にも知られています。

　この本では、こうした歴史をもつ日光を、世界遺産、信仰、近代遺産、産業、自然、くらし、環境問題という７つのパートに分け、紹介しています。日光修学旅行では、日光東照宮をはじめとした社寺の見学や、戦場ヶ原などの奥日光の湿原でのハイキングなどがおこなわれていますが、これら７つのパートで日光を見ていくことで、現地を訪れたときの理解が深まります。

　日光の自然や文化は、むかしの人びとにより、守り、育み、受けつがれてきました。この本で日光を知り、修学旅行で日光を訪れたみなさんが、そうしたことを感じ、日本が世界にほこる大切な宝を、次の世代に伝えていくことを望みます。

この本の使い方

この本は、「世界遺産」「信仰」「近代遺産」「産業」「自然」「くらし」「環境問題」の7つのパートに分けて、日光を紹介しています。

パート
7つのパートを示しています。

見だし
それぞれのパートを、いくつかの項目に分け、紹介しています。

小見だし
見だしを、さらにいくつかの項目に分け、紹介しています。文化財の場合は、「国宝」または「重要文化財」と記しています。

現地ガイドさんのおすすめ情報
現地ガイドさんなど、日光の人たちから聞いた情報を掲載しています。

マップ
社寺の場合は、境内の地図を掲載しています。

おもしろ情報
各見だしに関連した情報を紹介しています。

調べよう！
日光ゆかりの人物や日光に関係する情報など、修学旅行の前に調べておきたいことを中心に、紹介しています。

現地の人に聞く！日光修学旅行ガイド もくじ

はじめに ・・・・・・・・・・・・・・・・・・・・・・・・・・・ 2
この本の使い方 ・・・・・・・・・・・・・・・・・・・ 3

巻頭特集

自然の美と人工の美で見る日光（にっこう）・・・・・ 6
日光地域（にっこうちいき）の地図 ・・・・・・・・・・・・・・ 10
日光（にっこう）のあらまし ・・・・・・・・・・・・・・・・・ 12

世界遺産

日光東照宮（にっこうとうしょうぐう）・・・・・・・・・・・・・ 16
おもしろ情報（じょうほう）　日光東照宮の彫刻（にっこうとうしょうぐうのちょうこく）・・・ 22
おもしろ情報（じょうほう）　日光東照宮のひみつ（にっこうとうしょうぐう）・・・ 30
調べよう！　徳川家康（とくがわいえやす）・・・・・・・・・ 34
日光二荒山神社（にっこうふたらさんじんじゃ）・・・・・・・ 36
調べよう！　徳川秀忠（とくがわひでただ）・・・・・・・・・ 39
おもしろ情報（じょうほう）　日光の語源は二荒？（にっこうのごげんはふたら）・・・ 41
日光山輪王寺（にっこうざんりんのうじ）・・・・・・・・ 42
家光廟大猷院（いえみつびょうたいゆういん）・・・・・・・・ 44
調べよう！　徳川家光（とくがわいえみつ）・・・・・・・・・ 47
調べよう！　世界遺産（せかいいさん）・・・・・・・・・・・ 48

信仰

日光山（にっこうさん）・・・・・・・・・・・・・・・・・・ 50
調べよう！　勝道上人（しょうどうしょうにん）・・・・・・・ 57
二社一寺の伝統行事（でんとうぎょうじ）・・・・・・・・ 58
調べよう！　天海大僧正（てんかいだいそうじょう）・・・・・ 61

近代遺産

大使館別荘（たいしかんべっそう）・・・・・・・・・・・・・・ 62
近代建築（きんだいけんちく）・・・・・・・・・・・・・・・・ 64
調べよう！　日光を訪れた外国人（にっこうをおとずれたがいこくじん）・・・ 66

産業

観光業（かんこうぎょう）・・・・・・・・・・・・・・・・・・ 68
伝統工芸（でんとうこうげい）・・・・・・・・・・・・・・・・ 70
おもしろ情報（じょうほう）　日光木彫りの里工芸センター（にっこうきぼりのさとこうげい）・・・ 71
体験しよう！　伝統工芸品づくり（でんとうこうげいひん）・・・ 72
調べよう！　日光市の農林水産業（にっこうし）・・・・・ 74

自然

- 日光の四季 ･･････････････････････ 76
- 日光の山 ･･････････････････････････ 80
- 日光の湖 ･･････････････････････････ 82
- 日光の滝 ･･････････････････････････ 84
- 日光の温泉 ･･････････････････････ 86
- 調べよう！ 日光市の温泉地 ････ 87
- 奥日光の湿原 ････････････････････ 88
- 調べよう！ ラムサール条約 ････････ 90
- おもしろ情報 奥日光ハイキング ････ 91
- 日光で見られる植物 ････････････ 92
- 日光で見られる動物 ････････････ 94
- おもしろ情報 栃木県立日光自然博物館 ･･ 96

くらし

- 郷土料理・名物料理 ････････････ 98
- 日光の祭りや風習 ･･････････････ 100

環境問題

- 足尾銅山 ････････････････････････ 102
- 調べよう！ 田中正造 ･･････････ 103
- 鳥獣害と外来種 ･･････････････････ 108

特別編

- 日光のテーマパーク ････････････ 110
- 日光近隣の見どころ ････････････ 112
- おもしろ情報 日光の代表的なおみやげ ･･ 113

事前学習
- テーマを決めよう ････････････････ 114
- テーマを深めよう ････････････････ 116
- 日光について調べることができるホームページ ･･ 117
- 日光図書館の司書おすすめの10冊 ･･ 118

事後学習
- レポートをつくろう ････････････ 120
- 発表しよう ････････････････････ 122

- さくいん ････････････････････････ 124

巻頭特集

自然の美と人工の美で見る日光

日光は、自然の美と人工の美が調和したところだといわれています。それぞれの代表的なところを、写真とともに紹介します。

自然の美

日光の自然の美は、その多くが、火山の噴火によって形づくられました。男体山(→P80)をはじめとした多くの山だけではなく、湖や滝、湿原も、火山活動に深くかかわっています。

山

日光市の西部には、おもに火山活動によってできた、2300mから2500m級の山やまがそびえます。なかでも男体山は、かつて「二荒山」とよばれ、女峰山、太郎山とともに日光三山(→P36)として、古くから山岳信仰(→P50)の対象とされてきました。

▲中禅寺湖の北にそびえる、標高2486mの男体山。形の美しさから「日光富士」ともよばれ、日本百名山のひとつとなっている。

湖

日光の湖(→P82)の代表格は、中禅寺湖と湯ノ湖です。どちらも、火山の噴火による溶岩で、川がせきとめられてできた湖です。ゆたかな自然にめぐまれ、新緑や紅葉、冬景色など、四季に応じた美しい風景を楽しむことができます。

▶中禅寺湖の西の湖畔にあたる千手ヶ浜。クリンソウ(→P93)が咲く初夏や紅葉の季節には、季節便として、遊覧船が運航する。

巻頭特集

滝

四十八滝とも七十二滝ともよばれる日光は、滝の多いところです。中禅寺湖を水源とする華厳ノ滝(→P84)は、日本三名瀑のひとつでもあり、日光でもっとも有名な滝です。ほかにも、湯滝、竜頭ノ滝、霧降ノ滝、裏見ノ滝などが知られます(→P84)。

▲高さ97mの岩壁を一気に落下する華厳ノ滝。エレベーターで観瀑台に降りると、爆音とともに水しぶきがはじける滝つぼを、間近に見られる。

湿原

湯ノ湖の周辺と、そこから流れでる湯川(→P88)の流域には、さまざまな生物の命をささえる貴重な湿地があります。また、湯川が南北に流れる戦場ヶ原(→P89)と、その西側に広がる小田代原(→P89)は、湿原地帯となっています。

▶ハイキングコースにもなっている戦場ヶ原。貴重な湿原を守るため、木道の上を歩く。

人工の美

1999(平成11)年、日光東照宮(→P16)、日光二荒山神社(→P36)、日光山輪王寺(→P42)の国宝9棟と重要文化財94棟が、これらを取りまく遺跡(文化的背景)とともに、「日光の社寺」として、ユネスコの世界遺産(→P48)に登録されました。それらの多くは、江戸時代初期(17世紀)を代表する天才芸術家たちの作品群として、今日に伝わります。

▲名工の左甚五郎の作とされる「眠り猫」の彫刻(重要文化財/→P21)。家康が眠る奥社への参道近くの回廊にある。

▲日光東照宮を代表する建造物として知られる陽明門(国宝)。さまざまな彫刻がほどこされ、その数は、508体にのぼる。

日光東照宮

江戸幕府を開いた徳川家康(→P34)を、神としてまつる神社です。世界遺産に登録されている建造物は、国宝8棟と重要文化財34棟の合計42棟です。陽明門(→P18)をはじめとした建造物には、さまざまな彫刻がほどこされていて、その数は5100体をこえます。彫刻の多くには、平和を願うメッセージがこめられています。

「見ざる、聞かざる、言わざる」で知られる「三猿」の彫刻(重要文化財)。神厩舎(→P20)の8枚の猿の彫刻のひとつ。

巻頭特集

日光二荒山神社

日光二荒山神社のはじまりは、奈良時代の終わりにあたる8世紀後半です。日光を開いた勝道上人（→P57）が、男体山（二荒山）の登頂に成功し、山頂に小さな祠を建てました（現在の日光二荒山神社奥宮／→P53）。以後、日光の山岳信仰の拠点として崇拝されました。世界遺産に登録されている建造物は、23棟の重要文化財です。

▼世界遺産「日光の社寺」の玄関口にかかる神橋（重要文化財）。日光を開いた勝道上人が、神の助けを受けて大谷川の激流を渡った場所とされている（→P40）。

重要文化財の本殿。日光三山（男体山、女峰山、太郎山）のそれぞれに、大己貴命、田心姫命、味耜高彦根命という神（三柱の神）をあて、まつっている（→P36）。

日光山輪王寺

日光山輪王寺は、勝道上人が8世紀後半に創建した四本龍寺（→P57）がはじまりです。輪王寺の名がついたのは江戸時代のことですが、輪王寺という建物はなく、日光山のなかの堂塔や支院などの総称が輪王寺です。世界遺産に登録されている建造物は38棟ですが、うち22棟は、3代将軍の徳川家光の墓所として知られる家光廟大猷院（→P44）の建造物です。

▶千手観音、阿弥陀如来、馬頭観音の三体の本尊をまつる三仏堂（重要文化財／→P42）。内部には、金箔が塗られた約8mの高さの木像が、3体安置されている。

▲家光廟大猷院の本殿（国宝／→P46）。金をふんだんに取りいれているので、金閣殿ともよばれる。

日光地域の地図

現在の日光市は、5つの市町村が合併して誕生したこともあり（→P12）、5つの地域に分かれています。ここでは、日光地域（かつての日光市）を中心に、この本で紹介する施設などを地図に示しました。

※地図上の●印は、この本で紹介している施設などです。右上の拡大図は、日光東照宮、日光二荒山神社、日光山輪王寺（家光廟大猷院をふくむ）の二社一寺の地図です。

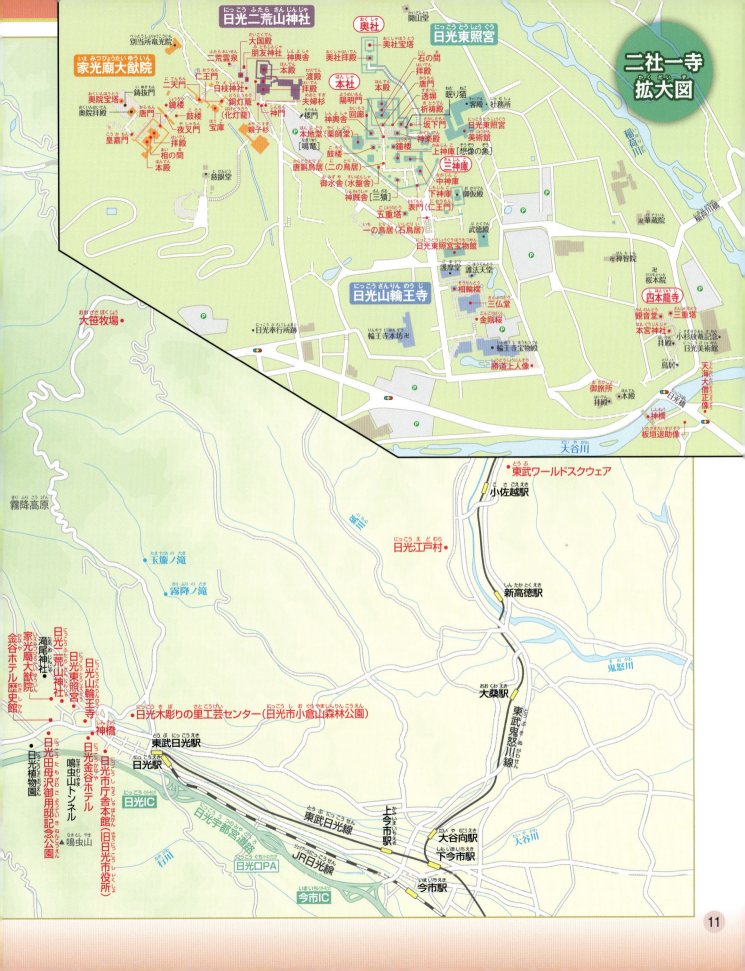

日光のあらまし

現在の日光市は、今市市、日光市、藤原町、足尾町、栗山村の5つの市町村が合併し、2006（平成18）年に誕生しました。この本で紹介するのは、かつての日光市が中心ですが、いまの日光市全体のあらましは、次のとおりです。

■ 日光市の位置 ■

日光市は、栃木県の北西部に位置し、西は群馬県に、北は福島県に接しています。総面積は約1450km²で、栃木県全体の約4分の1を占め、全国の市町村のなかでも、3番目に広い面積をほこります。

■ 日光市の地形 ■

北部から西部の地域の大部分が山地で、南部は、大谷川によって形成された扇状地＊が広がり、平地となっています。標高は、もっとも高いところ（白根山）が2578m、もっとも低いところが200mほどで、その差は2380mほどにもなります。

なお、この本では、日光東照宮（→P16）をはじめとした二社一寺のある日光の市街地から、中禅寺湖（→P82）や湯ノ湖（→P83）などのある奥日光とよばれる地域までをおもに紹介していますが、日光の市街地の標高が530mなのに対し、中禅寺湖が1269m、戦場ヶ原（→P89）が約1400m、湯ノ湖が1478mです。そのため、日光の市街地と奥日光とのあいだだけでも740mから950mほどの標高差があります。

＊川が山地から平地に流れでるところに、川が運んできたたい積物が積もってできた扇形の地形。

▶落差97mの華厳ノ滝。中禅寺湖の水は、この滝を流れおち、大谷川となって日光の市街地に向かう。

日光市の気候

内陸性気候*に属し、年平均気温は、市街地で12℃ほど、山間部では7℃ほどです。夏は、山間部を中心にすずしく、冬は、市街地でも氷点下になる日が多く、寒暖の差もあります。

なお、内陸性気候ということで、1年をとおして降水量は少ないものの、奥日光をはじめとした山間部では、冬になると雪が積もります。また、山間部は、梅雨の影響を受けにくいといわれ、市街地が雨でも晴れということもあります。

＊海から遠くはなれた内陸部に見られる気候。1年の気温の変化や1日の気温の変化が大きく、降水量が少ない。

日光市の人口

2017（平成29）年1月現在の人口は、約8万5000人です。うち、かつての日光市にあたる日光地域の人口は、約1万3000人です。世帯数は3万6000世帯ほどで、うち日光地域は、6000世帯ほどです。

日光市の3つの特色

「日光らしさ」ともいわれている日光市の3つの特色は、「多様な自然」「歴史を語る文化遺産や産業」「良質な温泉」です。ラムサール条約登録湿地（→P90）となった「奥日光の湿原」は、多様な自然の代表格です。歴史を語る文化遺産や産業としては、1999（平成11）年に世界遺産（文化遺産）に登録された「日光の社寺」のほか、「日光杉並木（→P56）」や「足尾銅山（→P102）」などがあげられます。良質な温泉としては、全国的にも知られる鬼怒川温泉をはじめ、川治温泉や湯西川温泉、日光湯元温泉など、複数の温泉地（→P87）があります。いずれも、日光国立公園*の見どころとなっています。

＊栃木県北部を中心に、群馬県と福島県にまたがる国立公園。ゆたかな自然にめぐまれ、日光の社寺などの史跡や温泉もふくまれる。

▲良質な温泉のひとつとして、多くの人びとが訪れる鬼怒川温泉。

▲日光東照宮。歴史を語る文化遺産のひとつ。

▲多様な自然のひとつとされる、ラムサール条約に登録された戦場ヶ原。

市の花・市の木・市の鳥・市の魚

ゆたかな自然にめぐまれた日光市は、市内に多く生息する動物や植物を選び、市の花、市の木、市の鳥、市の魚に定めています。また、市民に親しんでもらうとともに、日光市の自然のゆたかさを全国にアピールするため、それぞれのデザインを作成し、公表しています。

市の花

●**ニッコウキスゲ**
朝に開花し、夕方にはしぼんでしまう一日花。霧降高原（→P93）などに群生し、初夏には、山吹色のじゅうたんのような美しい景色が見られる。

●**ヤシオツツジ**
山地を中心に広く分布し、春にあざやかなピンク色の花を咲かせるアカヤシオのほか、シロヤシオなどがある。

市の木

●**シラカンバ（シラカバ）**
樹皮が白色の美しい木。「小田代原（→P89）の貴婦人」とよばれるシラカンバが有名。

●**モミジ**
秋になると、てのひらのような形の葉が赤や黄色などに色づき、日光の山地や社寺をあざやかに彩る。

市の鳥

●**ウグイス**
背中がオリーブ色の小さな鳥で、美しい鳴き声が、日光に春を告げる。

●**カワセミ**
清流に生息し、コバルトブルーの色あざやかな外見から、「渓流の宝石」とよばれる。

市の魚

●**ヒメマス**
中禅寺湖などに生息する、あざやかな銀白色の魚。

●**イワナ**
清流にしか生息しない、オレンジ色の斑点が特徴の魚。

日光の歴史

奈良時代の8世紀後半に、勝道上人（→P57）という僧が開いた日光は、日光山とよばれ、山岳信仰（→P50）の場として栄えました。17世紀前半（江戸時代）に、徳川家康（→P34）をまつる日光東照宮（→P16）ができると、日光詣の人びとでにぎわい、門前町として栄えました。

その後、19世紀後半の明治維新により、外国との交流がさかんになると、たくさんの外国人が日光を訪れるようになりました。そして、西洋式のリゾートホテルや外国人の別荘が建てられるようになると、国際避暑地（→P62）として発展をとげます。

さらに、第二次世界大戦が終わり、高度経済成長＊の時代をむかえた20世紀の後半には、鉄道が発達し、道路の整備も進んで、文化財や自然、温泉など、観光資源の豊富な日光へは、たくさんの人が訪れるようになりました。いまでは、日光東照宮をはじめとした「日光の社寺」が、ユネスコの世界遺産（→P48）に指定されたこともあり、国際観光都市として、国の内外から、多くの人が訪れています。

＊1960年代を中心におきた、諸外国にも例を見ないほど急速な経済成長のこと。

西暦（年号）	できごと	関連ページ
766（天平神護2）年	勝道上人が日光に向かい、大谷川を渡って四本龍寺を建てる（日光山輪王寺のはじまり）。	42・57
782（天応2）年	勝道上人が、男体山の登頂に成功する（日光二荒山神社奥宮のはじまり）。	36・53・57
784（延暦3）年	勝道上人が、男体山のふもとに寺と社殿を建てる（日光山中禅寺と日光二荒山神社中宮祠のはじまり）。	52・54
790（延暦9）年	勝道上人が、大谷川の近くに本宮神社を建てる（日光二荒山神社本社のはじまり）。	36
1590（天正18）年	豊臣秀吉の小田原攻めで北条氏に味方した日光山は、領地を失い、おとろえる。	61
1610（慶長15）年	足尾銅山が発見される。	102
1613（慶長18）年	天海大僧正が、日光山（現在の日光山輪王寺）の貫主（住職）となる。	42・61
1617（元和3）年	徳川秀忠が、天海大僧正に命じてつくらせた東照社に、徳川家康の墓を久能山から移す。	16・61
1636（寛永13）年	徳川家光による寛永の大造替がおこなわれ、東照社が、現在の日光東照宮の形に大改装される。	16・47
1648（慶安元）年	日光杉並木が、日光東照宮に寄進される。	56
1653（承応2）年	家光廟大猷院が完成する。	44
1873（明治6）年	金谷カッテージ・イン（いまの日光金谷ホテル）が、外国人の宿泊施設として創業する。	65・66
1877（明治10）年	実業家の古河市兵衛が、足尾銅山の経営に乗りだす。	102
1881（明治14）年	明治維新によって発せられた「神仏分離令」により、日光山輪王寺の三仏堂が、現在の位置に移される。	42・51
1890（明治23）年	宇都宮・日光間に鉄道が開通し、日光駅が開業する。	64
1896（明治29）年	イギリス人外交官のアーネスト・サトウが、中禅寺湖畔に別荘を建てる（のちの英国大使館別荘）。	63
1899（明治32）年	日光田母沢御用邸が完成する。	64
1901（明治34）年	田中正造が、足尾銅山の鉱毒問題で、天皇に直訴する。	103
1928（昭和3）年	イタリア大使館別荘が完成する。	62
1929（昭和4）年	東武鉄道の日光線が開通し、東武日光駅が開業する。	ー
1954（昭和29）年	第1いろは坂の改良工事が完了する。	55
1965（昭和40）年	第2いろは坂が、上り専用として完成し、いろは坂の上りと下りを分ける。	55・69
1973（昭和48）年	足尾銅山が閉山となる。	102
1999（平成11）年	日光の二社一寺が、「日光の社寺」として、ユネスコの世界遺産に登録される。	8・48
2005（平成17）年	「奥日光の湿原」が、ラムサール条約登録湿地となる。	88
2006（平成18）年	5つの市町村が合併し、現在の日光市が誕生する。	12

世界遺産 日光東照宮

日光二荒山神社と日光山輪王寺とともに、「日光の社寺」として世界遺産に登録されている日光東照宮は、江戸幕府を開いた徳川家康を神としてまつっています。陽明門をはじめ、多くの国宝や重要文化財があります。

▲日光東照宮の入口にあたる表参道。奥の鳥居は、石鳥居ともよばれる一の鳥居（→P30）。

日光東照宮とは

家康（→P34）は、1616（元和2）年、駿府城（現在の静岡県静岡市）で75歳の生涯を終えるときに、「亡骸は久能山（現在の静岡市）に埋葬し、1周忌が過ぎたら、日光にお堂を建ててまつりなさい。そうすれば、わたしが日本の平和を守ろう」といいのこします。2代将軍の秀忠（→P39）は、その遺言どおりに、1年後に社殿をつくり、徳川家に仕えていた天海大僧正（→P61）に、家康を神としてまつるように命じます。

なぜ家康は、お墓を日光へ移すように命じたのでしょうか。それは、日光が江戸城から見て北の方角に位置するからです。家康は、つねに同じ位置にあって動くことのない北極星と江戸とを結ぶ宇宙の中心軸にまつられることで、日本の平和の守り神になろうとしたのです。

のちに社殿は、3代将軍の家光（→P47）により、現在の日光東照宮の形に大改装されます。建てかえと建てましに1年5か月をかけ、延べ450万人以上の職人を使い、1636（寛永13）年に完成しました。境内には、自然の地形を生かし、55棟の社殿を巧みに配置しました。さらに、仏教建築と神社建築の両方の様式を取りいれ、建物をあざやかな色に塗って金箔をたくさんはるなど、当時のあらゆる工芸技術の粋を集め、豪華絢爛な装飾に仕上げました。

▲駿府城で亡くなった家康は、最初は久能山に葬られたが、のちに墓は、江戸城の北の方角にある日光東照宮に移された。

マップ 日光東照宮

奥社
- 奥社宝塔
- 奥社拝殿

本社
- 本殿
- 石の間
- 拝殿
- 唐門
- 透塀
- 陽明門
- 眠り猫
- 客殿・社務所
- 祈祷殿
- 神輿舎
- 回廊
- 坂下門
- 日光東照宮美術館
- 本地堂[薬師堂][鳴竜]
- 神楽殿
- 鐘楼
- 鼓楼
- 上神庫[想像の象]
- 三神庫
- 唐銅鳥居（二の鳥居）
- 中神庫
- 御水舎（水盤舎）
- 神厩舎[三猿]
- 下神庫
- 御仮殿
- 五重塔
- 表門（仁王門）
- 一の鳥居（石鳥居）
- 武徳殿
- 日光東照宮宝物館

現地ガイドさんのおすすめ情報
久能山の家康の墓

　家康の柩は、1617（元和3）年に日光に移され、江戸を向いて南向きに安置されました。ところが、最初に埋葬された久能山では、西向きでした。これは、家康の父と母が参拝したことで家康をさずかったとされる鳳来寺（愛知県新城市）と、松平家（徳川家の祖）の菩提寺*として知られる大樹寺（愛知県岡崎市）が西にあるからです。また、その先には、豊臣秀吉が眠る阿弥陀ヶ峰（京都府京都市）があり、これらは一直線に並んでいるといわれています。

　しかし、1615（慶長20）年の大坂夏の陣で豊臣家をほろぼした家康が、なぜ秀吉の墓を向いて葬られたのでしょうか。それは、戦国の世を最初に統一して平和な世の中にした秀吉が、家康にとっては先輩だからです。こうしたことからも、死後も日本の平和を守ろうとした家康の強い思いがうかがえます。

*先祖代だいの墓がある寺。

世界遺産

▲◀徳川家康の亡骸が最初に埋葬された、久能山の東照宮（左）と、家康の墓（上）。

国宝

陽明門

　本殿(→P29)などに向かう入口にある、きらびやかな2層造りの楼門で、日光東照宮の代表的な建物です。花崗岩の土台の上に、けやきの丸柱がたてられ、建物の高さは11mあります。

　見どころは、中央が盛りあがり、両端が反りかえった曲線を特徴とする屋根と、正面の唐破風*の軒下にほどこされた、508体の彫刻です。古事記や逸話にもとづいた偉人や聖人、唐子(中国の子ども)、唐獅子や竜、麒麟などの霊獣(想像上の動物)、実在する動物、菊や牡丹といった植物などの彫刻があります。こうした彫刻による立体的で美しい装飾が、一日中見ていてもあきないことから、陽明門は、「日暮の門」ともよばれています。

　また、門をくぐって右から2本目の柱を見ると、グリ紋(うず巻きを2つつなげた文様)が逆さに描かれた「魔除けの逆柱」があります。これは、「建物はできた瞬間から崩壊がはじまる」という言い伝えがあるので、建物が長もちするようにと、わざと未完成の部分を残しているからだといわれています。

*S字型の曲線でつくられた破風。破風は、屋根の妻側(端)にある部分。

▼特徴ある屋根と唐破風の軒下に、たくさんの彫刻がほどこされた陽明門。

唐破風

世界遺産

▲陽明門にほどこされた霊獣の彫刻。麒麟（上）、竜（中）、唐獅子（下）が見られる。

▼陽明門の内側の柱。右から2本目の柱が、グリ紋が逆の「魔除けの逆柱」。

逆さのグリ紋

現地ガイドさんのおすすめ情報
唐子の彫刻

　陽明門の彫刻にも、平和への祈りがこめられています。それは、正面の高欄とよばれる黒い手すりにほどこされた「唐子の知恵遊び」という子どもたちの彫刻に見られます。平和な時代だからこそ、子どもたちはのびのびと遊べます。そして、遊びをとおして正しい道を学べば、平和な時代を守っていけるのです。

▲20ある唐子の彫刻のなかでも、代表的な「司馬温公の瓶割り」。

　なかでも、「司馬温公*の瓶割り」という彫刻は、命の大切さを教えた彫刻です。父親が大切にしていた水瓶の中に落ちた友だちを、温公が瓶を割って助けたという話を題材にしています。そのことを聞いた父親は、温公をしからずにほめたたえ、命の大切さを教えたというのです。

　ほかにも、けんかをしている彫刻や鬼ごっこをしている彫刻などがあり、陽明門には、唐子が遊ぶ彫刻が、全部で20あります。

＊11世紀の中国（北宋）の政治家。歴史家でもあり、『資治通鑑』という政治の参考となる歴史書を書いたことでも知られる。

重要文化財 神厩舎

神馬（神様に仕える馬）をつなぐ厩舎の建物です。日光東照宮のなかでは、これだけが木材に漆を塗っていない白木造りの建物で、見どころは、頭上に彫られた8枚の猿の彫刻です。

猿には、馬の健康と安全を守るという言い伝えがあり、その彫刻は、赤ちゃんから母親になるまでの一生の物語を描いています。もっとも有名なのは、「見ざる、聞かざる、言わざる」の三猿です。子どものころは、悪いことを見たり聞いたり話したりせず、素直に育ってほしいという願いがこめられています。

▲神厩舎。右の写真のように、内部に神馬が見られることもある。

重要文化財 三神庫

表門（→P25）をくぐると見えてくる3棟の建物は、大切なものを保管する神庫という倉庫です。正面左が宝物を入れる上神庫、その右の2棟が、お祭りの道具を保管する中神庫と下神庫で、合わせて三神庫とよばれています。

すべて校倉造り*でつくられ、上神庫には、大きな2頭の象の彫刻がほどこされています。これは、江戸時代初期の代表的な絵師として知られる狩野探幽が下絵を描いた「想像の象」です。当時、だれも象を見たことがなかったこともあり、しっぽが3つに分かれているなど、少しユニークな姿をしています。

＊木材をななめに割り、断面を三角形や四角形、あるいは台形にしたものを、丸太小屋のように井桁に組んで外壁とする建築様式。

▲上神庫に見られる「想像の象」の彫刻。

◀三神庫。左手前が上神庫で、その右が中神庫。正面に見えるのが下神庫。

国宝　眠り猫

　家康の墓がある奥社（→P29）への参道の入口近くの回廊（東回廊／→P26）には、日光東照宮でもっとも有名な彫刻のひとつといわれる「眠り猫」があります。名工の左甚五郎の作と伝えられ、花に囲まれて日の光を浴びながら猫が眠っています。猫の裏側には雀の彫刻がありますが、これは、天敵の猫が眠っているので安心して遊ぶ雀の姿をあらわしたもので、平和な時代の訪れを示しているといわれています。

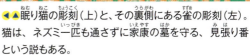

◀◀眠り猫の彫刻（上）と、その裏側にある雀の彫刻（左）。猫は、ネズミ一匹も通さずに家康の墓を守る、見張り番という説もある。

現地ガイドさんのおすすめ情報
神厩舎の猿の彫刻

　神厩舎の8枚の猿の彫刻は、左から順番に見ていくと、猿の一生が題材になっていることがわかります。それぞれの彫刻には、次のような意味があります。

▲母子の猿。手をかざして小猿の将来を見る母猿を、信頼しきって見上げる小猿。

▲小猿三匹（三猿）。子どものころは、悪いことを見たり、聞いたり、話したりせずに、素直な心で成長しなさいという教え。

▲座っている猿。まだ座っているが、一人立ちする直前の猿。

▲上を見る猿。右端の青い雲を見上げ、大きな志（青雲の志）をいだく猿。

▲妊娠した猿。小猿も母猿となり、新たな猿の一生がはじまる。

▲結婚した猿。波の彫刻は、人生の荒波を意味する。

▲もの思いにふける猿。恋に悩んでいる。

▲下を見る猿。崖っぷちに立つ猿と、それをはげます友だちの猿。

日光東照宮の彫刻

日光東照宮の建物には、さまざまな彫刻がほどこされています。三猿や眠り猫などは代表的なものですが、霊獣（想像上の動物）、植物、鳥などの彫刻もあり、それぞれに意味がこめられています。

● 霊獣

表門(→P25)には、社寺でおなじみの狛犬が置かれています。神様にお参りする前に手や口をすすぐ御水舎(→P25)の屋根の下には、水をつかさどる飛竜（翼のある竜）の彫刻があります。また、唐門(→P28)では、柱に昇竜と降竜が描かれ、屋根の正面と背面に置かれた悉（虎よりも強いといわれる奇獣）とともに、見張りをしています。このように、境内のいたるところで霊獣を見つけることができます。

また、本殿(→P29)の扉や祈祷殿の柱には、平和をあらわすといわれる獏が並びます。獏は、鉄や銅を食べますが、戦争になると、それらは武器などの材料になり、なくなってしまうので、生きていけなくなります。そのため、獏がいるというのは、世の中が平和な証拠なのです。

▲御水舎の屋根の下にほどこされた飛竜の彫刻。

▲唐門の屋根の上に見られる悉の彫刻。

▲祈祷殿の柱に見られる獏の彫刻。

◀唐門の柱。左には昇竜の彫刻がほどこされ、右には降竜の彫刻がほどこされている。

● 植物

日光東照宮の建物には、菊、桜、梅、芙蓉のほか、江戸時代に「長春花」とよばれていたバラなど、たくさんの花の彫刻が色どり美しくほどこされています。

眠り猫（→P21）の近くには、美しく咲く牡丹の花の彫刻があります。さらに、その向かい側には、みかんの彫刻が見られます。これは、不老不死の国とされる「常世の国」にある果物がみかんだという古事記の話にもとづくもので、家康の住む世界をあらわしています。

ほかにも、なすやあけび、家康が好きだったやまもも、麻の葉など、多くの建物で、さまざまな植物の彫刻を見つけることができます。

▶回廊（→P26）にほどこされた花や鳥の彫刻。

● 鳥

縁起のよい鳥とされる鶴はもちろん、鷹、山鵲（山光鳥）、雀など、さまざまな鳥の彫刻が、いたるところに見られます。とくに、透塀（→P28）は野鳥の彫刻の宝庫で、鴨や千鳥、おしどりなど、たくさんの水鳥のほか、めずらしいところでは、オーストラリアなどでは見られるものの、日本ではごく一部にしか生息しないという大地鴫が、忠実に再現されています。架空の鳥でありながら鳥類の王者といわれる鳳凰や、中国の神話で神鳥とされる鸞も描かれています。

▲闌間とよばれる上部と腰羽目とよばれる下部に、鳥をはじめとしたさまざまな彫刻がほどこされている透塀。

重要文化財

五重塔

　一の鳥居（→P30）をくぐった左手にある、高さ約36mの朱塗りの塔です。現在の福井県西部を治めた小浜藩主の酒井忠勝が、1650（慶安3）年に建てました。

　見どころは、一層部分にある十二支の彫刻です。正面には、家康の寅、秀忠の卯、家光の辰という親子3代の干支が並んで見られます。

　4層目までは、屋根を支える垂木がまっすぐな和様で、5層目は、放射状の唐様です。また、地震や強風で倒れないように、中心の柱は浮かせた構造になっていて、その柱と4層目の屋根は、鎖で結ばれています。そして、4層目から下の屋根は、つり下げ式となっています。

▲五重塔の4層目と5層目。下の4層目の垂木（屋根の下に見える複数の朱色の木）がまっすぐなのに対し、上の5層目の垂木は、放射状となっていることが分かる。

▲五重塔の1層目。上部には、右から、寅、卯、辰の3つの干支が見える。

▼五重塔。当初の建物は焼失したため、現在の建物は、1818（文政元）年に再建された。

現地ガイドさんのおすすめ情報

五重塔の工夫

　五重塔の中心を貫く柱は、心柱とよばれ、直径は60cmです。心柱は、塔の最下部にある礎石の穴の中で、10cmほど浮いています。これは、地震や強風のときに塔が揺れても、重心がつねに中心にあることで倒れないようにするためだといわれています。また、木造の建物は、長い年月がたつと、建物自体の重みや木の収縮によってゆがみが生じますが、心柱を浮かせておくことで、ゆがみを調整できるといわれています。

重要文化財 表門（仁王門）

　石造りの一の鳥居（→P30）を過ぎると見えてくる門で、そこを守るのは、仏教の２体の守り神です。口を開けた「阿形像」と口を閉じた「吽形像」は、２体あわせて仁王像とよばれます。現在、日光東照宮は神社ですが、建てられたときには、神社と寺院が混ざりあった神仏混合形式だったため、仏教の守り神があるのです。

　高さ４ｍの仁王像が安置された表門には、虎や麒麟、獏や獅子など、82の極彩色の彫刻がほどこされています。

▲仁王像とともに、美しい彫刻が見られる表門。

重要文化財 御水舎（水盤舎）

　お参り前に手や口を清める、「みずや」という建物です。柱には、木材ではなく花崗岩を使い、唐破風（→P18）と屋根は、銅の瓦でおおわれた銅瓦葺きで、建物の規模の割には立派なつくりです。さらに、美しい青色で塗られた波や竜など、見事な彫刻がほどこされています。とくに飛竜の彫刻（→P22）は、日光東照宮の数ある彫刻のなかでも最高傑作といわれ、ほかの寺社仏閣では見られない貴重なものです。

▲中央に花崗岩の水盤が置かれた御水舎。

世界遺産

唐銅鳥居（二の鳥居）

　唐銅鳥居とよばれる、青銅という金属でできた鳥居です。青銅製の鳥居のなかでは、日本で最初につくられたものといわれています。

　柱の下には、神仏習合（→P51）の名残として、仏教で極楽浄土に咲くといわれる蓮の花の彫刻が見られます。また、鳥居の裏と表には、三つ葉葵の徳川家の家紋が、全部で10か所に入っています。

　唐銅鳥居の向こうには陽明門（→P18）があり、その奥には本殿（→P29）があります。さらに、その奥には家康の墓がある奥社（→P29）があり、それらは、ほぼ一直線につながっています。

▼二の鳥居ともよばれる唐銅鳥居。陽明門が後ろに見える。

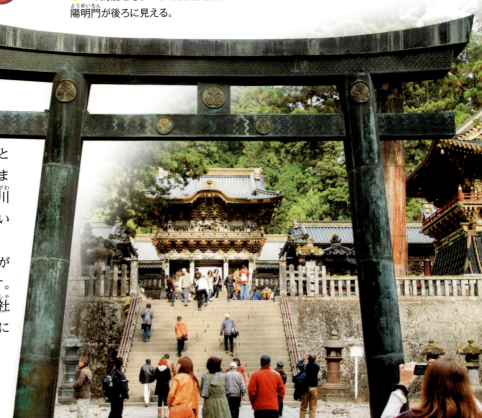

重要文化財　鼓楼・鐘楼

陽明門(→P18)の石段の下で、左右対称に向かいあっているのが、鼓楼と鐘楼です。これは中国の陰陽論という思想からくる様式で、両者がひとつとなって循環と交代をくりかえすことで永遠に続くという世界観をあらわしています。向かって左が太鼓をおさめる鼓楼、右が鐘をおさめる鐘楼で、どちらも高さ約12mです。鐘楼には、霊獣、鶴などの鳥、水、波、文様など、78体の彫刻があり、鼓楼には、亀、竜、雲など、38体の彫刻があります。

◀◀▲▲陽明門の両側にある、鼓楼(左)と鐘楼(上)。

国宝　回廊

陽明門の左右から延びる、大彫刻のある廊下です。陽明門を中心に、本社(→P29)、祈祷殿、神楽殿などを取りかこみ、長さは約220mです。板張りの廊下は総漆塗りで、銅の瓦でおおわれた銅瓦葺きの屋根は、入母屋造り*1です。外壁は一枚板をくりぬき、そこには、花鳥風月、波、雲、鳳凰などがぎっしりと透かし彫り*2でほどこされ、あざやかな色に塗られています。ほかにも、オランダ製の燭台(ろうそく立て)が取りつけられているなど、細部にいたるまで豪華なつくりに目を見はります。

*1 社寺の屋根の形式で、寄棟造りの上に切妻造りを重ねた形式。寄棟造りは、頂上の水平部分から4つの斜面を山形にふきおろした形式の屋根。切妻造りは、本を開いてかぶせたような形式の屋根。

*2 うすい板を表から裏まで打ちぬいて模様をあらわす彫刻の技法。

陽明門に向かって右側に延びる回廊(東回廊)。回廊の下には、オランダ製の燭台が見える。

重要文化財 神輿舎

陽明門をくぐると左に見えるのが、春季例大祭（→P58）でかつがれる3基の神輿が置かれている神輿舎です。神輿は、本殿（→P29）にまつられた3人のもので、中央が徳川家康の神輿、向かって右が豊臣秀吉の神輿、左が源頼朝の神輿です。

建物内部の天井には、天女が描かれています。入母屋造りの屋根の下には、たくさんの鳥の彫刻があり、正面には、家康の干支の寅の彫刻があります。

世界遺産

▲神輿舎。建物後部の柱は、背後に見える回廊と共用になっている。

灯籠

日光東照宮の境内には、100基をこえるさまざまな灯籠があります。17世紀のはじめに東洋との貿易などを目的に設立されたオランダの東インド会社から奉納された八角形の回り灯籠は、三つ葉葵の徳川家の家紋が逆さまなので、「逆さの回り灯籠」とよばれています。異国の人には、家紋の上下がわからなかったようです。

鎖国のおこなわれた時代に貿易が許されていたオランダからは、ほかにも、シャンデリア型の釣り灯籠やスタンド型の蓮灯籠も奉納されていて、洋風のデザインが見どころです。

さらに、現在の鹿児島県を中心とした地域を治めた、薩摩藩主の島津家久が奉納した唐銅灯籠があります。また、現在の宮城県を中心とした地域を治めた、仙台藩主の伊達政宗が奉納した南蛮鉄灯籠は、ポルトガルから鉄材を取りよせ、つくらせたものです。

▲オランダから奉納された回り灯籠。三つ葉葵の上下が逆。

▶伊達政宗が奉納した南蛮鉄灯籠。

▲間口が3mの唐門と、唐門から左右に延びる透塀。

国宝 唐門・透塀

　陽明門(→P18)をくぐると正面に見えるのが、本社(→P29)の正門にあたる唐門です。大きくて豪華絢爛な陽明門にくらべると小さいものの、貝殻をすりつぶした胡粉で塗られた繊細なデザインの門です。江戸時代には、身分の高い人だけが、この門をくぐることができました。

　唐木の寄木細工の白い柱には、昇竜と降竜の彫刻(→P22)があります。ほかにも、古代中国の人物や七福神、花や鳥など、唐門には611体の彫刻がほどこされていて、その数は、陽明門の508体を上回ります。

　唐門を中心に左右に延びる透塀は、拝殿、石の間、本殿(→いずれもP29)を囲み、その長さは160mほどになります。塀の中が透かして見えるので、こうよばれています。

　断面が四角い角柱の柱には、黒漆が塗られ、柱と柱をつなぐ横材の長押の表面には、金箔地に密陀彩色という手法で、亀甲花菱紋が描かれています。中央部分にあたる胴羽目は、金箔地の格子とし、あざやかな青緑の花が描かれ、向こう側が透けて見える花狭間格子となっています。上部の欄間*には、山野の植物や花鳥が彫られ、下部の腰羽目には、波や水鳥、水草などが彫られています。

＊横に渡した長押の上の格子や透かし彫りの板。

国宝 本社（本殿・石の間・拝殿）

　唐門（→P28）の後方にある本社は、日光東照宮のなかで、もっとも重要な建物です。本殿と拝殿を石の間で「エ」の字形につないだ、権現造りというつくりになっています。

　拝殿には、正面に家康の干支の寅が描かれ、左右には家光の干支の辰が描かれていて、唐門の方に振りかえると、秀忠の干支の卯が描かれています。拝殿の内部は、欄間（→P28）や襖などが豪華絢爛に装飾され、3つの部屋に分かれていて、中央の間は63畳の広さがあります。天井は、148個の正方形に仕切られていて、その1つひとつには、狩野探幽をはじめとした多くの絵師が手がけたといわれる、丸く図案化された竜が描かれています。

　本殿は、ふだんは閉ざされていますが、獏の彫刻がほどこされた扉（→P22）の奥には、家康が、豊臣秀吉、源 頼朝とともにまつられています。

重要文化財 奥社（坂下門・奥社拝殿・奥社宝塔）

　東回廊の眠り猫（→P21）の下をくぐると、家康の墓へと続く参道とともに、奥社の入口にあたる坂下門があります。将軍が参拝するとき以外は閉ざされていたので、「開かずの門」とよばれていました。

　一枚岩の石段を207段のぼると、奥社拝殿とともに、高さ約5mの家康の墓にあたる奥社宝塔があります。最初は木製でしたが、のちに石造りになり、それも地震で倒壊したため、1683（天和3）年、現在の青銅製になりました。この墓には、家康の「神柩（ひつぎ）」がおさめられていて、建立以来、一度も開けられたことはありません。

世界遺産

▲唐門の後方にあり、透塀（→P28）に囲まれた本社。

▲奥社への石段が後方に見える坂下門。

現地ガイドさんのおすすめ情報

奥社の三具足

　家康が眠る奥社宝塔の前には、ろうそくを立てる鶴の燭台、線香をそなえる香炉、花をそなえる花瓶があります（写真左側）。これらは三具足とよばれ、朝鮮王国からおくられたものです。豊臣秀吉の朝鮮出兵で悪化した両国の関係が、平和を願う徳川政権によって修復された証です。ただし、当時の三具足は、1812（文化9）年の火災で焼けてしまったので、現在は、日本でつくられたものが置かれています。

▶8角9段の石の上にたつ奥社宝塔。その前には、三具足が置かれている。

おもしろ情報 日光東照宮のひみつ

日光東照宮には、陽明門の逆柱や多くの建物にほどこされた彫刻のほかにも、いくつかの「ひみつ」があります。入口にある石鳥居の石段には工夫やふしぎがあり、鳴竜とよばれる天井画にもふしぎがあります。

●一の鳥居（石鳥居）

　石でできた鳥居としては日本最大といわれる一の鳥居は、現在の福岡県を治めた、福岡藩主の黒田長政が奉納しました。高さは約9m、柱の太さは約3.6mで、15のパーツ（部品）を組みあわせ、地震に耐えられるように、力学を応用して設計されています。京都の八坂神社と鎌倉の鶴岡八幡宮の鳥居とともに、日本三大石鳥居とされています。

　鳥居に向かう参道は、10段の石段があり、上にいくほど、少しずつ幅がせまくなっています。これは、下から見上げたときに、遠近法によって鳥居をより高く荘厳に見せるためです。

　また、石段は奥行きが広く、「千人桝形」とよばれています。これには、1段に100人が立てるので10段で1000人と数えられるという、大ざっぱな人数の把握に使われたという説があります。

　さらに、10段目の石段中央には、「照降石」とよばれる石がはめこまれています。この石は、ななめに2色に分かれていて、石の色のちがいが濃く出るほど翌日は悪天候になるという、天気予報ができる石として有名です。

石段の参道の奥にある一の鳥居。奥に見える建物は、左右に仁王像が安置された表門（→P25）。

▲ななめに2色に分かれている、石段の照降石。

薬師如来をまつる薬師堂の天井に描かれた鳴竜。

●日光の鳴竜

本地堂(薬師堂)は、3代将軍の家光による寛永の大造替で建てられた、日光東照宮の境内のなかでも最大級の建物です。天井には、縦6m、横15mの鳴竜が描かれています。竜の頭の下で、手をたたいたり拍子木を打ったりすると音が反響し、まるで竜が鳴いているように聞こえるので、そうよばれています。

もとの絵は、狩野永真安信が描きましたが、1961(昭和36)年に焼損してしまったため、現存の絵は、堅山南風(→P33)が再現したものです。

▲日光東照宮宝物館の外観。現代的な和風のデザインの建物といわれる。

日光東照宮宝物館

　日光東照宮が所有する、宝物、鉄砲、着物、香炉、屏風、刀など、約2000点が展示されています。狩野派*の絵師による「家康公御画像」、家康が関ヶ原の戦いで着用したといわれる「南蛮胴具足」、名刀「勝光宗光」のほか、3代将軍の家光による寛永の大造替のときに上棟祭で使われた国宝の大工道具や箱、絵巻物「東照社縁起」など、将軍家や朝廷ゆかりの名品とともに、大名家からの奉納品や祭器具など、貴重な品を見ることができます。

　2015（平成27）年3月には、日光東照宮の四百年式年大祭記念事業として新たに建築され、新宝物館としてオープンしました。「東照宮シアター」では、陽明門（→P18）の魅力を紹介した最新のCG映像や、家康の人生を描いたアニメ作品を観覧することができます。

▲徳川家康を描いた「家康公御画像」。

▲徳川家康が着用したといわれる「南蛮胴具足」。

*室町時代の中期におこった日本画の流派。

- ●住所：栃木県日光市山内2301
- ●電話：0288-54-2558
- ●開館時間：4/1〜10/31は8:00〜17:00、11/1〜3/31は8:00〜16:00
- ●休館日：無休

日光東照宮美術館

1928(昭和3)年に近代和風建築として建てられた旧社務所の「朝陽閣」は、いまでは美術館として公開されています。日光杉並木(→P56)の古材を利用し、昭和初期の建築物としてはめずらしい、メートル法によってつくられました。栃木県では、旧日光田母沢御用邸(→P64)と並ぶ大規模な近代和風建築で、重厚な唐破風(→P18)を備えた車寄せが目を引く、とても趣のある建物です。

美術品としては、建物の内部に描かれた杉戸絵や襖絵のほか、額、掛け軸など、日本画100点を公開しています。「朝陽閣」ができたころは、杉戸や襖は白紙の状態でしたが、日本画壇の巨匠といわれた横山大観が、そこに大傑作の襖絵「朝陽之図」を描きました。また、大観の志をついだ3人の画伯(中村岳陵、荒井寛方、堅山南風)が、70日間泊まりこみで手がけたという50点あまりの障壁画も、見どころです。

- 住所：栃木県日光市山内2301
- 電話：0288-54-0560
- 開館時間：4/1〜10/31は8:00〜17:00、11/1〜3/31は8:00〜16:00
- 休館日：無休

現地ガイドさんのおすすめ情報

日光を戦火から守った板垣退助

1868(慶応4)年からの戊辰戦争は、明治維新によって誕生した新政府の軍と旧幕府軍とのあいだでおこなわれた戦いですが、日光も、その戦場となろうとしていました。大鳥圭介ひきいる旧幕府軍が、徳川家康の墓がある日光に立てこもり、そこに、板垣退助ひきいる新政府軍が進撃してきたからです。

板垣は、土佐藩(現在の高知県)の出身で、のちに自由民権運動を指導し、近代日本の民主化に貢献した政治家です。土佐藩が徳川家の恩を受けたことや、家康の功績を思い、日光を戦火から守ろうと考えた板垣は、大鳥らを説得します。その結果、旧幕府軍は説得に応じて撤退し、日光は戦火をまぬかれました。

そうしたこともあり、神橋(→P40)の近くには、板垣の像があります。

▶板垣退助の像。1929(昭和4)年に建てられたが、第二次世界大戦のときに軍に接収されたため、現在の像は、1967(昭和42)年に再建されたもの。

世界遺産

日光東照宮美術館の正面。入口は、唐破風を備えた車寄せとなっている。

徳川家康（1542〜1616年）

徳川家康は、戦乱の世をおさめ、約260年におよぶ平和な時代の基礎を築いた人物です。その人生は苦労の連続でしたが、江戸幕府を開き、支配体制を築きあげるにあたり、過去の経験が生かされました。

▲日光東照宮宝物館に展示されている家康公御画像。

　家康は、戦国時代ただなかの1542（天文11）年、三河（現在の愛知県東部）の小さな大名の家に生まれました。3歳で母と生き別れ、6歳からの13年間は、駿河（現在の静岡県東部）を本拠地とする今川家に人質として預けられ、その間に父が裏切りによって殺されるなど、19歳までは苦労の連続でした。しかし、そのことが、家康の精神をがまん強くさせ、次のチャンスをまつという、のちの考え方につながる経験となりました。

　1560（永禄3）年の桶狭間の戦いで、尾張（現在の愛知県西部）の織田信長が今川義元を破ると、家康は人質から解放され、三河に帰り、大名となります。そして、信長とは同盟を結び、その関係は、1582（天正10）年、本能寺の変で信長が明智光秀におそわれて死ぬまで、続くことになります。

　その後の家康は、信長の後継者として力をつけた豊臣秀吉の側近となり、関東八国を任され、江戸城に入ります。秀吉の死後は、その家来として政治をおこなってきた石田三成を、1600（慶長5）年の関ヶ原の戦いで破り、1603（慶長8）年には、62歳にして朝廷から征夷大将軍に任じられ、江戸幕府を開きました。

▲天下分け目の戦いとよばれる関ヶ原の戦いを描いた『関ヶ原合戦図屏風』。

関ヶ原町歴史民俗博物館所蔵

▲徳川家康が豊臣家をほろぼした大坂夏の陣を描いた「大坂夏の陣図屛風」。

大阪城天守閣所蔵

　家康は、信長や秀吉などにつかえ、戦国時代の荒波を乗りこえてきた経験をもとに、大名の配置を工夫しました。また、江戸城、二条城、駿府城、名古屋城などの城の建設や改修、町づくりなどに参加させてお金を使わせることで、大名の力をおさえていきました。

　こうして、国づくりを進めていった家康は、わずか2年で息子の秀忠に将軍の地位をゆずり、自らは江戸城から駿府城に移ります。しかし、大御所として実権をにぎり、徳川家の天下を確かなものにするため、大坂冬の陣と大坂夏の陣で秀吉の子の豊臣秀頼を攻めます。その結果、1615(元和元)年、豊臣家をほろぼし、大名の力を完全におさえこみました。そして、「武家諸法度」という幕府が武士を取りしまる法律と、「公家諸法度」という天皇や貴族の行動や生活を制限する法律を定めることで、100年以上も続いた武力による争いを終わらせ、平和な世の中の基礎をつくりました。

▶駿府城本丸跡にある徳川家康の銅像。

世界遺産 日光二荒山神社

世界遺産に登録されている日光二荒山神社は、日光東照宮に近い本社のほかにも、中禅寺湖畔に中宮祠が、男体山の頂上に奥宮があります。二荒山は、中禅寺湖の北にそびえる男体山のことです。

日光二荒山神社とは

日光東照宮（→P16）から西に300mほどの場所にある日光二荒山神社は、日光を開いた勝道上人（→P57）が奈良時代末の782（天応2）年に、男体山の山頂に祠を建てたのがはじまりです。日光三山とよばれる、男体山（二荒山）、女峰山、太郎山のそれぞれに、大己貴命、田心姫命、味耜高彦根命という神（三柱の神）をあて、まつっています。

784（延暦3）年に勝道上人が建てた、中禅寺湖畔の中宮祠（→P52）、男体山の頂上の奥宮（→P53）をふくめた境内は、日光の中心部だけではなく、日光連山（→P81）や中禅寺湖（→P82）をはじめとした奥日光にもおよび、その広さは3400ヘクタールになります。これは、境内の広さ日本一をほこる伊勢神宮に次ぐものです。

関東の武士たちには、古くから「下野の一の宮」として敬われ、信仰されてきました。また、江戸幕府からもあがめられ、日光東照宮をつくるときには、社殿の造営がおこなわれました。

日光二荒山神社の中心にあたる本殿。まわりは、透塀（→P28）に囲まれている。

重要文化財 本殿

2代将軍の徳川秀忠により、1619（元和5）年に建てられた本殿は、世界遺産に登録された二社一寺のなかでは、もっとも古い建造物のひとつです。八棟造りという、複雑に屋根を組みあわせた建築様式を取りいれ、装飾や彫刻などのはなやかさは、建てられた当時のままです。

重要文化財 拝殿

　江戸時代前期の1645（正保2）年に建てられたと考えられている拝殿は、黒漆塗りの銅瓦葺きの屋根をもつ、入母屋造り（→P26）の建物です。本殿とはちがい、はなやかな装飾や彫刻は見られませんが、簡素でありながら、力強さが感じられます。

　拝殿前の朱塗りの神門の近くには、根をひとつにする「夫婦杉」や、仲良く3本が根をつなげて並ぶ「親子杉」が、御神木として立ちならびます。

▶神に祈る場所としての拝殿。後方の本殿とは、渡殿という建物でつながっている。

マップ 日光二荒山神社

重要文化財 銅灯籠（化灯籠）

　鎌倉時代につくられた、日光ではもっとも古いといわれる唐銅製の灯籠で、「化灯籠」という別名があります。理由は、夜ふけに火を灯すと、ゆらゆらと揺れ、不気味でお化けのように見えたからだそうです。

　あやしいと感じた警固の武士たちが、刀で切りつけたといわれ、灯籠には無数の刀傷が残っています。

▶銅灯籠（化灯籠）。お化けの正体は、灯籠に使うナタネ油をなめにきた、モモンガかムササビではないかといわれている。

二荒霊泉

　薬師の霊水と酒の泉という、2つの清らかな水が合流する池です。薬師の霊水は、目の病気に効くとされ、本殿裏の恒霊山の洞窟から湧きでています。酒の泉は、おいしい酒ができる名水といわれ、日光二荒山神社の別宮*である滝尾神社の境内に湧きでています。

＊本社に付属して、別に設けられた神社。

▶二荒霊泉。池には、大谷川の石が置かれている。

▲大国殿。毎月第2土曜日には縁日がおこなわれ、6月には「だいこくまつり」がおこなわれる。

境内末社

　末社は、大きな神社の境内にある小規模な神社のことです。日光二荒山神社の本社には、日枝神社、大国殿、朋友神社の3つの末社があります。

　日枝神社は、山の神様でもあり健康の守り神でもある、大山咋命をまつります。大国殿は、大己貴命（大国主命）を、幸福を招く神としてまつります。朋友神社は、大己貴命とともに国づくりをおこない、医薬の神様でもあり知恵の神様でもある、少名彦名命をまつります。

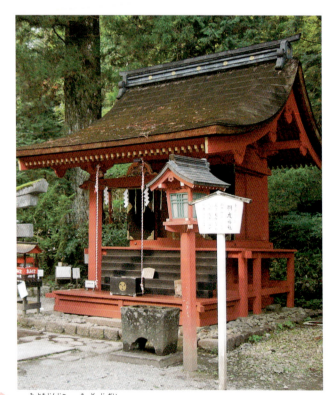

▲朋友神社。江戸時代の中ごろにつくられたといわれる。

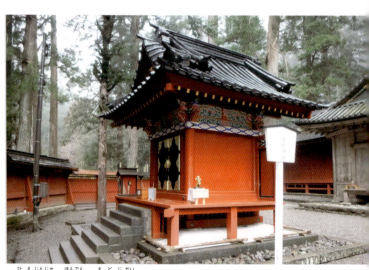

▲日枝神社の本殿。江戸時代のはじめごろにつくられたといわれる。

調べよう！

徳川秀忠 （1579～1632年）

徳川家康の三男で、江戸幕府の2代将軍となった徳川秀忠は、家康が世を去ると、その命令を忠実に守り、江戸幕府の体制づくりにつくした人物として知られています。3代将軍の徳川家光は、秀忠の次男です。

▲徳川秀忠像。　松平西福寺所蔵

　江戸幕府を開いたときの家康のいちばんの願いは、徳川家による安定した世の中が長く続くことでした。征夷大将軍の地位を、わずか2年で息子の秀忠にゆずったのも、孫の家光を3代将軍にすることを決めたのも、全国の大名や豊臣家の人びとに、徳川家の政権が長く安定して続くことを宣言したようなものでした。

　秀忠が2代将軍となったのは27歳のときでしたが、その後の幕府の政治は、江戸城の秀忠とともに、駿府城にいながら大御所として権力をにぎる家康によっておこなわれました。秀忠が譜代大名（関ヶ原の戦い以前から家臣だった大名）を監督し、家康が外様大名（関ヶ原の戦い以後に家臣となった大名）を監督するという役割分担による二元政治でした。

　家康の死後の秀忠は、父親にならい、リーダーシップを発揮します。大名の引きしめを強めるとともに、「公家諸法度」によって朝廷にきびしい目を光らせるいっぽうで、娘の和子を後水尾天皇の妻とすることで、朝廷との関係を深めていきました。また、外国船の入港を長崎に限定するなど、のちの鎖国につながる政策もおこないました。そして、将軍を18年間務めたのちに、その地位を家光にゆずり、家康にならって大御所として政治をおこない、1632（寛永9）年、54歳で亡くなりました。

　秀忠は、兄弟のなかでも、合戦で目立った活躍をしたこともなく、知恵が働くほうでもなかったようです。それでも、家康が後継者としたのは、温厚でまじめな性格の秀忠ならば、自らが苦労して築きあげてきた江戸幕府の基礎を、そのまま引きついでくれると考えたからだといわれています。秀忠は、その予想のとおりに、立派に国を治め、家光に江戸幕府を引きつぎました。

▼旧台徳院霊廟の惣門。徳川秀忠の廟所（墓所）の門のひとつとして、東京都港区の増上寺に残る。

神橋

重要文化財

　世界遺産に登録された二社一寺がある「日光山内」とよばれる地域の玄関口にかかる、朱塗りの橋です。下を流れるのは、中禅寺湖を水源とする大谷川です。

　神橋には、こんな伝説があります。いまから1200年以上前、日光を開くためにこの場所にやってきた勝道上人(→P57)が、川を渡れずに立ち往生したときに、「ここに神仏をまつるため、どうか川を渡らせてください」と熱心に祈ると、仏教の守護神の深沙大王があらわれ、2匹の大蛇を放ちました。すると、それが橋の形になり、背に山菅という植物が生えたので、勝道上人は川を渡ることができたというのです。

　長さ28m、幅7.4m、水面からの高さ10.6mの神橋は、江戸時代におこなわれた日光東照宮のつくりかえのときに、現在のような石の橋脚の橋につくりかえられました。

　それ以降、通行が許されたのは、将軍などの身分の高い人だけとなり、1973（昭和48）年まで、一般の人の通行は禁止されました。

朱塗りの欄干が美しい神橋。江戸時代につくられた神橋が洪水で流されたため、1904（明治37）年に、現在の神橋が再建された。

現地ガイドさんのおすすめ情報

日本三奇橋

　日光二荒山神社が所有する神橋は、山口県の錦帯橋と山梨県の猿橋とともに、日本三奇橋のひとつです（諸説ある）。日本三奇橋は、日本の古い橋のなかで、とくに構造がかわっていてめずらしい橋のことです。

▲桂川の渓谷にかかる、高さ30mの猿橋。長さ31mの木橋で、橋脚はなく、両岸からつきでた木材（刎木）の上に築かれている。

▲錦川にかかる、長さ約200mの錦帯橋。5つのアーチ橋を連ねた木橋。

おもしろ情報 日光の語源は二荒？

日光という地名の語源は、日光二荒山神社の「二荒」だといわれています。二荒を「ニコウ」と読み、それに「日光」と文字をあてたとされ、その二荒の語源にも、さまざまな説があります。

二荒の語源には、次のような説があります。
しかし、どの説も、はっきりとしたことはわかっていません。

❓ フトラという説

クマザサを、アイヌの人のことばで「フトラ」といい、クマザサの多い日光の山を、むかしは「フトラの多い山」といった。それがなまって「フタラ」となり、「二荒」の文字があてられた。

❓ 二現山という説

男体山と女峰山は、日光の代表的な山で、男体山には男の神様が現れ、女峰山には女の神様が現れたので、「二現山」といった。それが「フタアラ」となり、やがて「フタラ」となって「二荒」の文字があてられた。

❓ 二荒という説

むかしは、岩山にある風穴という大きなほら穴から、1年に2回、春と秋に大風が吹いて天気が荒れたので、「二荒」といった。それがやがて「二荒」となった。

❓ 補陀落という説

勝道上人が日光を開いたころの男体山は、仏教の教えのなかにある山の名をとって「補陀落山」とよばれた。その「フダラク」が「フタラク」となり、やがて「フタラ」となって「二荒」の文字があてられた。

▼日光の市街地（手前）と男体山（奥）。右に流れるのは大谷川。

世界遺産 日光山輪王寺

はじまりは奈良時代のことですが、輪王寺の名がついたのは江戸時代初期のことです。しかし、輪王寺という建物はなく、日光山のなかの堂塔や支院などの総称が輪王寺です。

日光山輪王寺とは

日光山輪王寺のはじまりは、日光のはじまりでもあります。奈良時代の766（天平神護2）年、勝道上人（→P57）が、日光を信仰の場として開こうと、お堂（四本龍寺）を建てました。

鎌倉時代になると、日本古来の神を敬う神祇信仰に大陸から伝わった仏教が結びついた「神仏習合」という信仰が根づき、日光三山（男体山、女峰山、太郎山）、日光二荒山神社にまつられた三柱の神（大己貴命、田心姫命、味耜高彦根命）、日光山輪王寺の三体の本尊（千手観音、阿弥陀如来、馬頭観音）を同一と見なす考え方が整いました（→P51）。また、皇室から住職を招き、「皇族座主」もはじまりました。そして、江戸時代になると、天海大僧正（→P61）が住職となり、輪王寺宮（皇族出身の輪王寺住職が代だい受けついだ称号）が誕生するなど、発展していきました。

しかし、明治維新により、「神仏分離令」が出されると、それまでの神仏習合は禁じられます。そして、日光山内では、仏教建築が日光山輪王寺にまとめられ、神社建築が日光東照宮と日光二荒山神社にまとめられました。その結果、日光山内は、現在の二社一寺の姿となりました。

重要文化財 三仏堂

日光山の本堂にあたり、東日本では最大とされる木造の仏堂です。この建物は、1645（正保2）年に徳川家光が建てたもので、もとは現在の日光二荒山神社の位置にありました。しかし、神仏分離令により、1881（明治14）年に、いまの位置に移されました。

三仏堂とよばれているのは、三体の本尊をまつっているからです。三体の本尊とは、千手観音、阿弥陀如来、馬頭観音で、男体山、女峰山、太郎山の三柱の神の本体です。そ

現地ガイドさんのおすすめ情報

三仏堂は金堂

三仏堂の正面にかかげられた大きな額には、「堂金」という文字が書かれていますが、これは右から読むので「金堂」と読みます。金堂は、寺の中心となる建物で、大切な仏様を入れる建物でもあります。つまり、本尊を安置する建物のことをいいます。そのため、三体の本尊が置かれた三仏堂には、「堂金」という額がかかげられているのです。

のため、三仏堂には、金箔が塗られた高さ約8mの三体の本尊の木像が安置されています。

※三仏堂は、2019年まで、平成の大修理がおこなわれているが、見学は可能。地上26mの屋根の高さから修理のようすを見ることができる、天空回廊が設けられている。

世界遺産

重要文化財 相輪橖（そうりんとう）

　三仏堂の裏手にたつ、高さ13.2mの青銅製の塔です。1643（寛永20）年に、徳川家光の発案で天海大僧正が建てたもので、国家の安定と平和を願う意味もあり、内部には、1000の経典がおさめられています。当初は、日光東照宮の鬼門（鬼が出入りするとされる北東の方角）にありましたが、のちに日光二荒山神社の近くに移され、神仏分離令により、現在の場所に移されました。

▲三仏堂と、天然記念物に指定されている金剛桜。樹齢500年とされる金剛桜は、明治時代の三仏堂の移築とともに、いまの場所に移された。

マップ 日光山輪王寺（東地区）

▲相輪橖。中央の柱のまわりを、4本の柱が支えている。

世界遺産 家光廟大猷院

家光廟の「廟」には、先祖をまつる建物という意味があり、大猷院は、3代将軍徳川家光の諡号(身分の高い人の死後につけられる名前)です。つまり、家光廟大猷院は、徳川家光の墓所です。

▲仁王門(右)。左の建物は宝庫で、左奥には二天門の上部が見える。

家光廟大猷院とは

日光二荒山神社(→P36)の西200mほどの場所にある家光廟大猷院は、「死んだ後も東照大権現(家康公)におつかえする」という家光の遺言にもとづき、4代将軍の徳川家綱の命で、1653(承応2)年に完成しました。大猷院は、後光明天皇からおくられた諡号で、「大きな政治をおこなった人」という意味があります。現在は、日光山輪王寺の別院*になっています。

重要文化財 仁王門

家光廟大猷院では、家光が眠る奥院宝塔までに6つの門がありますが、その最初の門です。口を開いた「阿形」と口を閉じた「吽形」の2体の仁王像が安置されているので、仁王門とよばれます。

マップ 家光廟大猷院(日光山輪王寺)

*本山に準じるものとして、別の場所に設けられた寺院。

重要文化財 二天門

　日光山内では最大の門です。仏教を守護する四天王のうち、東を守る「持国天」と西を守る「広目天」の二天の像が表側に安置されているので、二天門とよばれます。
　門の上部には、後水尾上皇の筆による「大猷院」の額がかかげられています。
※2017年現在、二天門は改修中。

▶上部に多くの装飾が見られる二天門。

重要文化財 夜叉門

　夜叉という4体の鬼の像が安置されている門です。鐘楼と鼓楼が並んだ先にあります。夜叉は、赤、青、緑、白の姿で、それぞれ、毘陀羅、烏摩勒伽、阿跋摩羅、犍陀羅です。門は、牡丹の彫刻が多くほどこされているので、牡丹門ともよばれています。

▶夜叉門。夜叉は、正面と背後に、2体ずつ安置されている。

重要文化財 唐門

　家光廟大猷院の拝殿(→P46)入口の門です。鶴や竜などのさまざまな彫刻や金箔などにより、細かく精巧な細工がほどこされています。

◀拝殿の前にある唐門。左右に回廊が延びる。

国宝 拝殿

　家光廟大猷院の拝殿と本殿は、相の間で「工」の字形につながっています（権現造り）。拝殿の内部は、たくさんの彫刻がほどこされ、天井には、狩野派（→P32）の絵師による140の竜が描かれています。

重要文化財 皇嘉門

　本殿の右奥にあり、家光の墓所の入口となる門です。日光ではめずらしい、中国の明朝風の建築様式で、竜宮城を思わせるような外観から、竜宮門ともよばれています。なお、皇嘉門から先の奥院は公開されていません。

▲唐門と回廊の後ろにある拝殿。

▲家光廟大猷院のほかの門とは、まったくちがった印象の皇嘉門。

国宝 本殿

　外観は金色がまぶしく、金閣殿ともよばれています。内部は公開されていませんが、豪華で、あざやかな色彩と細かな彫刻がほどこされ、家光の尊像などが安置されています。

ふんだんに金色を取りいれ、金閣殿ともよばれる本殿。

調べよう！

徳川家光（1604～1651年）

日光東照宮をいまの姿につくりかえた徳川家光は、祖父の家康を心からしたい、3代将軍として江戸幕府の基礎を固めました。参勤交代や鎖国など、江戸幕府の代表的な政策は、家光によるものです。

▲徳川家光像。
岡山市金山寺所蔵／
岡山県立博物館提供

家光は、祖父の家康が江戸幕府を開いた翌年の1604（慶長9）年に生まれました。幼いころの名前は、家康と同じく「竹千代」で、1623（元和9）年、父の秀忠が大御所となり、20歳で将軍となりました。

家光は、秀忠の死後、積極的な政治改革をおこないます。老中を中心に、若年寄や寺社奉行などの役職を整え、大名を統制するために家康と秀忠が定めた「武家諸法度」を改めます。

そして、1635（寛永12）年には、江戸と自分たちの領地に1年交代で大名を住まわせる、参勤交代の制度を設けました。往復のための費用や江戸の屋敷を維持する費用など、ばくだいなお金を使わせることで、大名の力をおさえることが目的でした。「寛永の大造替」とよばれる日光東照宮の建てかえをおこなったのは、このころです。

外交では、長崎に出島をつくり、外国との貿易や外国人の管理をおこない、1641（寛永18）年には鎖国を完成させます。いっぽう、1638（寛永15）年には島原の乱を鎮圧し、キリシタンの取りしまりも強化していきます。さらに、全国をおそった寛永の飢饉（農作物の凶作）の経験から、「田畑永代売買禁止令」や「慶安御触書」を出し、農民たちが守るべき決まりをつくり、支配を強めていきました。

こうして幕府の支配体制を確立し、強化していった家光ですが、1651（慶安4）年に48歳の若さで亡くなり、家康の眠る日光にほうむられました。

▲埼玉県川越市の喜多院の客殿。江戸城から移築された建物で、徳川家光がここで生まれたといったことから、「徳川家光公 誕生の間」とよばれ、重要文化財に指定されている。

世界遺産

「日光の社寺」が世界遺産（文化遺産）に登録されたのは、1999（平成11）年のことです。世界遺産は、人類共通の宝物として、未来の人びとに引きついでいくべきもので、日本では20件が登録されています。

世界遺産とは

世界遺産は、自然や文化的建造物など、地球のいとなみと人類の歴史によって生みだされた、かけがえのない宝物です。現在を生きる世界中の人びとが、過去から引きつぎ、未来へと伝えていかなければならない、人類共通の遺産です。

世界遺産には、文化遺産、自然遺産、複合遺産の3つの種類があります。文化遺産には、記念物、建造物、遺跡などがあります。自然遺産は、地形や地質、生態系、絶滅のおそれがある動植物の生息・生育地などです。複合遺産は、文化遺産と自然遺産の両方の価値を兼ねそなえているものです。登録基準は、「いちじるしく普遍的な価値をもっていること」などで、フランスの首都パリに本部を置くユネスコ（UNESCO／国連教育科学文化機関）が、「世界遺産条約」にもとづき、認定と登録をおこなっています。2016（平成28）年7月現在、世界遺産条約を結んでいる国は192か国、世界遺産リストへの登録件数は1052です。

▲長崎県の端島。軍艦島ともよばれ、炭坑として栄えた。

明治日本の産業革命遺産 製鉄・製鋼、造船、石炭産業
① 文化遺産
② 福岡県、佐賀県、長崎県、熊本県、鹿児島県、山口県、岩手県、静岡県（地図中に県名記載）
③ 2015（平成27）年7月

琉球王国のグスク及び関連遺産群
① 文化遺産
② 沖縄県
③ 2000（平成12）年12月

姫路城
① 文化遺産
② 兵庫県
③ 1993（平成5）年12月

石見銀山遺跡とその文化的景観
① 文化遺産
② 島根県
③ 2007（平成19）年7月

厳島神社
① 文化遺産
② 広島県
③ 1996（平成8）年12月

屋久島
① 自然遺産
② 鹿児島県
③ 1993（平成5）年12月

古都京都の文化財
① 文化遺産
② 京都府、滋賀県
③ 1994（平成6）年12月

原爆ドーム
① 文化遺産
② 広島県
③ 1996（平成8）年12月

法隆寺地域の仏教建造物
① 文化遺産
② 奈良県
③ 1993（平成5）年12月

紀伊山地の霊場と参詣道
① 文化遺産
② 三重県、奈良県、和歌山県
③ 2004（平成16）年7月

信仰 日光山（にっこうさん）

日光山は、男体山をはじめとした日光の山やまのことです*。奈良時代の終わりに、勝道上人（→P57）が、男体山には神や仏がいると信じて登り、登頂に成功したことで、日光は、山岳信仰の場として栄えました。

*日光山は、輪王寺の山号（寺院名につける称号）でもあり、世界遺産に登録された「日光の社寺」の総称としても用いられる。

▲男体山の山頂とご来光。

山岳信仰とは

日本では、古くから山を信仰の対象として、拝んだり宗教的な儀式をおこなったりしていました。これは山岳信仰とよばれ、人びとは山を、精霊や神、悪霊などが住む場所として、おそれ、敬っていました。

奈良時代になると、山に入って修行をおこなう人があらわれ、最澄が比叡山に入って天台宗を開き、空海が高野山に入って真言宗を開くなど、山岳仏教がめばえました。また、平安時代には、修験道という宗教が成立し、山での修行によって霊力（ふしぎな力）を得て、病気を治したり、雨を降らせたり、豊作や豊漁をもたらしたりするなど、さまざまな現象をおこそうとする山伏があらわれました。江戸時代にさかんになった富士山などへの信仰登山も、山岳信仰のひとつです。

男体山をはじめとする日光の山やまも、古くから神が宿っていると信じられ、信仰の対象となっていました。そのため、日光を開いた勝道上人も、男体山の登頂をめざしたのです。

▶標高2486mの男体山。女峰山が2483m、太郎山が2367mなので、日光三山のなかではもっとも高い。

▲日光二荒山神社の神輿舎。3基の神輿のご神体は、左から太郎山、男体山、女峰山。

神仏習合と神仏分離令とは

　日光二荒山神社は、勝道上人が奈良時代の終わりに建てた小さな祠がはじまりで(→P36)、日光三山に神(三柱の神)をあて、まつっています。日光三山は、二荒山とよばれた男体山と女峰山、太郎山です。また、日光山輪王寺も、勝道上人が奈良時代の終わりに建てたお堂がはじまりで(→P42)、三体の本尊があります。

　鎌倉時代になると、日本独自の神を敬う神祇信仰に、中国大陸から伝わった仏教が結びつき、「神仏習合」という信仰が根づきます。日光でも、山岳信仰の対象の日光三山、日光二荒山神社にまつられた三柱の神、日光山輪王寺の三体の本尊が、次のように結びつき、同じと見なす考え方が整います。つまり、男体山を例にとると、大己貴命が神として、千手観音が仏として、男体山にはまつられていることになります。

　この「神仏習合」の信仰は、江戸時代が終わるまで続きます。そのため、もともと日光山内には、神社建築と仏教の建築が混在していました。

　ところが、明治維新により、新政府が「神仏分離令」を出すと、「神仏習合」は禁じられます。その結果、日光山内では、仏教建築が日光山輪王寺に、神社建築が日光東照宮と日光二荒山神社にまとめられ、現在の二社一寺の姿が形づくられました。

山	男体山	女峰山	太郎山
神	大己貴命	田心姫命	味耜高彦根命
仏	千手観音	阿弥陀如来	馬頭観音

▲日光の山やま。写真には、日光三山のうち、男体山と女峰山が写る。

日光二荒山神社中宮祠

日光二荒山神社には、世界遺産に登録された二社一寺のひとつとなる本社(→P36)のほかにも、2つの社があります。男体山の山頂にある社は奥宮とよばれ、中禅寺湖畔の社は、本社と奥宮の中間にあるので、中宮祠とよばれています。中宮祠のはじまりは、784（延暦3）年のことです。男体山の登頂に成功した勝道上人が、社殿を建てました。

男体山をバックに、唐門、拝殿、本殿が並び、右奥には、男体山への登山口にあたる登拝門があります。また、社殿の右手には宝物館があり、日本最大の太刀といわれる祢々切丸をはじめとした刀剣類や、男体山信仰に関する宝物などが展示されています。

日光二荒山神社奥宮

はじまりは、782（天応2）年のことです。男体山の登頂に成功した勝道上人が、山頂に小さな祠をつくりました。中宮祠の登拝門から奥宮までの距離は約6kmですが、標高差が1200mほどあるので、大人でも3時間半ほどかかります。山頂には、社殿のほかにも、長さ3.6mほどの神剣がたっています。

▲男体山の登山口にあたる登拝門。例年、5月5日の開山祭で開けられ、10月25日の閉山祭で閉じられる。

日光二荒山神社中宮祠の唐門。背後の山は男体山。

▲日光二荒山神社奥宮の鳥居と社殿。

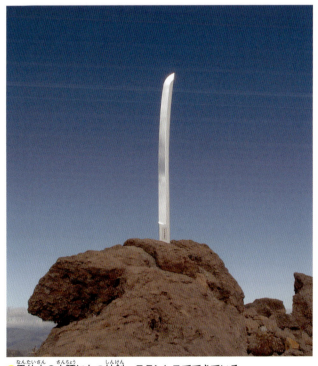

▲男体山の山頂にたつ神剣。ステンレスでできている。

日光山中禅寺

　784（延暦3）年に勝道上人が創建し、修行の場としたお寺で、日光山輪王寺の別院（→P44）です。はじめは日光二荒山神社中宮祠の位置にありましたが、1902（明治35）年の暴風雨による山津波で建物が流されてしまったため、現在の位置（歌ヶ浜）に移りました。

　立木観音や波之利大黒天という、勝道上人ゆかりの仏像がまつられていることで知られます。立木観音は、正しくは十一面千手観音菩薩といいます。勝道上人自身が、男体山に登頂したときに中禅寺湖の湖上にあらわれた千手観音を、根がついたままの桂の立木に彫ったといわれ、そうよばれています。波之利大黒天も、男体山に登頂したときに中禅寺湖の波の上にあらわれた大黒天の姿を彫ったものといわれています。

▲日光山中禅寺の本尊の十一面千手観音菩薩（下の写真中央）と、本尊が安置されている本堂（上）。立木観音ともよばれる本尊は、6mほどの高さがある。

いろは坂

日光の市街地と中禅寺湖(→P82)や湯ノ湖(→P83)などがある奥日光とのあいだを結ぶ道路で、下り専用の第1いろは坂と、上り専用の第2いろは坂があります。2つの坂を合計すると48か所の急カーブがあり、「いろは48文字」にたとえて、この名がついています。カーブごとに「い、ろ、は・・・」の看板が表示されている急な坂が続き、標高差は440mあります。

古くは、男体山や日光山中禅寺への道として、登頂する人や参拝する人が通っていました。しかし、明治時代の初期までは、牛馬や女性が奥日光に入ることが禁じられていたため、いろは坂の上り口は「馬返」とよばれています。女性が男体山を拝んで引きかえした場所には、「女人堂」が残っています。

現地ガイドさんのおすすめ情報
明智平

第2いろは坂をほぼ上りきったところにあります。そこからロープウェイに乗って3分で到着する明智平展望台は、日光の代表的な展望スポットです。男体山や中禅寺湖、中禅寺湖から流れおちる華厳ノ滝などが一望できます。

明智平と名づけたのは天海大僧正(→P61)ですが、天海は、1582(天正10)年の本能寺の変で織田信長を討った明智光秀だったという伝説があります。山崎の合戦で豊臣秀吉に敗れ、比叡山にのがれた光秀が天海と名乗り、自分の名前をどこかに残しておこうと、日光で一番ながめの良いこの場所を、「明智平」と名づけたというのです。しかし、確かな証拠はなく、あくまでも伝説とされています。

▲明智平展望台からのながめ。中央の華厳ノ滝の奥には、中禅寺湖が見える。

▲下り専用の第1いろは坂。急カーブの右に見えるのは、方等ノ滝。

30mほどに成長した、日光杉並木。

日光杉並木

日光東照宮(→P16)への参拝のために江戸時代に整備された日光街道は、日光の東にある今市で、例幣使街道と会津西街道と交わり、江戸の日本橋と日光を結んでいました。日光杉並木は、これら3つの街道に植えられた、全長37kmほどの杉並木で、1万3000本近くのスギがそびえたっています。家康、秀忠、家光の3代にわたって徳川将軍家につかえた松平正綱・正信親子が、紀州熊野(現在の和歌山県南部)から苗木を取りよせ、20年ほどかけて植樹したものです。その杉並木を、家康の33回忌にあたる1648(慶安元)年に、日光東照宮への参道並木として、寄進(寄付)しました。

国の特別史跡と特別天然記念物に指定されていて、1991(平成3)年には、「世界一長い杉並木」として、ギネス世界記録に認定されました。

勝道上人 （735～817年）

日光山を開いた勝道上人には、さまざまな伝説があります。男体山の山頂をめざしたのは、神のお告げによるものだったことや、はじめて日光に来たときに、神の助けで川を渡ったことなどは有名です。

▲日光山輪王寺の入口近くにある、勝道上人の像。

勝道上人は、奈良時代の735（天平7）年、高岡の郷（現在の栃木県真岡市）で生まれたと伝えられています。幼いころは藤糸丸とよばれ、信仰心の厚い子だったそうです。

7歳のときに、明星天子という神が夢にあらわれ、「これから仏の道を学び、大きくなったら日光山を開きなさい」と告げられたといいます。28歳のときに受戒*1して僧侶となり、厳朝という法名をあたえられ、のちに勝道と改めます。

766（天平神護2）年、32歳となった勝道上人は、日光に向かいます。現在の神橋のある場所で、深沙大王という神の助けを受けて大谷川の激流を渡り（→P40）、いまの日光山内に草庵*2を結びました。

ある朝のことです。いつものように二荒山（男体山）を拝んでいると、紫の雲が立ちのぼり、大空に舞いあがるのを目にします。そのようすに心を打たれた勝道上人は、その場所にお堂を建て、紫雲立寺と名づけました。これが1250年をこえる日光の歴史のはじまりで、この紫雲立寺が、いまの四本龍寺だといわれています。

その後、勝道上人は、二荒山の登頂をめざしますが、山頂への道はけわしく、2度失敗します。しかし、そのときに、中禅寺湖（→P82）や華厳ノ滝（→P84）を発見しました。そして、日光に来てから16年が過ぎた782（天応2）年、48歳の勝道上人は、3度目の試みで、ようやく登頂に成功しました。

817（弘仁8）年、勝道上人は83歳で亡くなりますが、その生涯を日光山への信仰にささげました。

*1 定められた戒（いましめ）を守ると誓うこと。
*2 草葺きの小さな家。

▶日光発祥の地といわれる、四本龍寺の観音堂（手前）と三重塔（奥）。

信仰 二社一寺の伝統行事

世界遺産に登録されている「日光の社寺」は、2つの神社と1つの寺があるので、二社一寺とよばれています。それぞれ長い歴史があり、さまざまな伝統行事がおこなわれています。

▲日光東照宮の春季例大祭でおこなわれる流鏑馬。

▲日光東照宮の春季例大祭でおこなわれる百物揃千人武者行列。

日光東照宮「春季例大祭」

毎年、5月17日と18日におこなわれる、日光東照宮(→P16)では最大の行事です。例大祭は、その神社の創立記念のお祭りです。

初日の17日は、徳川宗家(本家)などの参列のもと、午前中に「例祭」がおこなわれ、午後には、馬をあやつりながら矢を射る「流鏑馬神事」がおこなわれます。そして夕刻には、3基の神輿が日光二荒山神社に向かい、「宵成祭」がおこなわれます。

翌18日は、春季例大祭のハイライトとなる「百物揃千人武者行列」がおこなわれます。この行列は、徳川家康の神霊が久能山(→P16)から日光に移されたときの行列を再現したもので、正式には、神輿渡御祭とよばれます。3基の神輿を中心に、鎧を身につけた武者などからなる1200人ほどの行列が、日光二荒山神社から神橋近くの御旅所を通り、日光東照宮までの約1kmを練りあるきます。

日光二荒山神社「弥生祭」

　日光に春を告げる祭りといわれ、毎年、4月13日から17日までの5日間にわたっておこなわれます。

　13日の神輿飾祭では、日光二荒山神社(→P36)につかえる神人が、神輿舎から拝殿に、三柱の神(→P36)をまつった3基の神輿を移します。14日の滝尾神社神輿渡御祭では、拝殿から滝尾神社に、神輿1基を移します。そして16日には、滝尾神社で2夜を過ごした神輿1基が日光二荒山神社にかえる、滝尾神社神輿還御祭がおこなわれます。

　最終日となる17日の例大祭では、3基の神輿が行列を整えて本宮神社に向かう、三神輿本宮神社渡御祭がおこなわれ、祭りは最高潮に達します。

▲三神輿本宮神社渡御祭。日光二荒山神社を出た3基の神輿が、本宮神社に向かう。

現地ガイドさんのおすすめ情報

付祭り

　弥生祭には、日光二荒山神社がおこなう「本祭り」のほかにも、氏子*1の人たちがおこなう「付祭り」があります。17日におこなわれる付祭りでは、美しくかざられた「花家体*2」が、東西11の町から日光二荒山神社に集結します。そして、大勢で力を合わせて家体を引き、鳥居から境内にかけて板が敷きつめられた石段を、一気にかけあがります。

　弥生祭は、1200年以上の歴史をほこる由緒ある祭りですが、「ごた祭り」ともよばれています。しきたりどおりにすべてを進めないと、町内単位の「ごた(トラブル)」になるので、こうよばれているのです。

*1 神社のある地域に住む人びと。
*2 日光では、屋台のことを家体と書く。

▲日光二荒山神社弥生祭の花家体。

日光山輪王寺「強飯式」

強飯式は、古くから日光山輪王寺に伝わる独特な古儀*1で、毎年、4月2日におこなわれます。修験者の姿をした「強飯僧」が、大きな腕に山盛りにした三升の飯を、「強飯頂戴人」に食べるようにと強いるので、そうよばれています。

江戸時代には、徳川家の家来や全国の大名たちも、「自分の藩の名誉のために」と、強飯頂戴人となることを競いあいました。いまでは、この古儀に参加した人や参列した人には、無病息災や家運長久*2といった御利益があるといわれています。

*1 古い時代の儀式。
*2 一家に末永く幸運がもたらされること。

強飯式の3つの儀式

強飯式は、「日光責め」ともよばれ、山盛りのご飯を強いる場面がテレビなどで報じられますが、「三天合行供・採灯大護摩供」「強飯頂戴の儀」「がらまき」という3つの儀式で構成されます。最初の「三天合行供・採灯大護摩供」は、仏や神への供養の儀式で、秘法としておこなわれます。次の「強飯頂戴の儀」が、強飯僧が強飯頂戴人に山盛りのご飯を強いる儀式です。最後の「がらまき」は、神仏よりさずかった幸せやめぐみなどを、ほかの人たちにも分けあたえようという考えから、仏や神への供え物などを、一般の参拝者に向けてまく儀式です。

日光山輪王寺の強飯式で、飯を1粒残さず食べるように責めたてる僧たち。

天海大僧正（1536～1643年）

108歳という長寿だったといわれる天海大僧正は、家康、秀忠、家光の3代にわたって徳川将軍家につかえ、日光東照宮の建立などをとおして、戦乱でおとろえた日光を、ふたたびさかんにした僧です。

　天海大僧正は、1536（天文5）年、会津高田（現在の福島県西部）で生まれたと伝えられています。幼いころは兵太郎とよばれ、11歳のときに僧となって随風と名乗り、55歳のときに天海と改めます。

　子どものころから聡明で、比叡山、三井寺、興福寺など、各地の有名な寺のほか、足利学校でも学び、仏教の勉強や研究をしました。

　家康と出会ったのは1590（天正18）年のことで、相談役として家康につかえはじめたのは、1607（慶長12）年ではないかといわれています。そして、1613（慶長18）年、78歳で日光山（現在の日光山輪王寺）の貫主（住職）となります。これにより、1590（天正18）年の豊臣秀吉の小田原攻めで北条氏に味方して以降、領地を失っておとろえていた日光山は、関東の守りとしてふたたびさかんになりました。

　その後、1616（元和2）年に家康が亡くなると、天海大僧正が葬儀を指揮します。そして、1617（元和3）年の東照社（のちの日光東照宮）の建立に加え、1636（寛永13）年に終了した寛永の大造替（家光による日光東照宮の大改修）にもかかわり、日光に繁栄をもたらしました。そのため、日光立てなおしの恩人として、「日光山中興の祖」といわれています。

　1643（寛永20）年、天海大僧正は108歳でこの世を去りますが、朝廷から「慈眼大師」の称号をおくられます。大師の称号は、平安時代初期に天台宗を開いた最澄（伝教大師）や真言宗を開いた空海（弘法大師）などにおくられて以降、700年以上もおくられることがありませんでした。このことからも、天海大僧正の偉大さが理解できます。

▲神橋の近くの国道沿いにある、天海大僧正の像。

近代遺産 大使館別荘

中禅寺湖畔は、明治時代の中ごろから昭和初期にかけて、各国大使館の別荘をはじめ、多くの外国人の別荘が建てられ、国際避暑地として栄えました。いまでは、その一部が整備・復元され、公開されています。

▼天井や壁に、さまざまな模様の杉の皮がはりめぐらされた本邸の書斎。

▲外壁に日光杉が使われている、イタリア大使館別荘記念公園の本邸の建物。

イタリア大使館別荘記念公園

1928(昭和3)年にイタリア大使館の別荘として建てられ、歴代の大使が、2007(平成9)年まで使用していた建物を、展示館として公開している公園です。本邸と副邸があり、本邸は、建具や家具、床板などをできるだけ再利用することで復元されていて、副邸は、国際避暑地歴史館として整備されています。園内からは、中禅寺湖の美しい景色を楽しむことができます。

別荘を設計したのは、チェコ出身のアントニン・レーモンドという建築家で、設計にあたり、地元の職人たちに、どのような建材を使うのが適切かを聞きました。そのため、外壁や天井などには、地元特産の日光杉が使われています。

英国大使館別荘記念公園

アーネスト・サトウという、幕末から明治時代にかけて日本に駐在したイギリス人の外交官が、1896（明治29）年、故郷の風景を思いおこさせる中禅寺湖の湖畔に山荘を建てました。その山荘は、のちに英国大使館別荘となり、2008（平成20）年まで利用されました。いまでは、サトウの生涯、奥日光の国際避暑地としての歴史、イギリスの文化などについての展示館として公開され、公園として整備されています。

▲英国大使館別荘記念公園の建物。1階と2階には、中禅寺湖に面して、広縁とよばれる幅の広い縁側が設けられている。

現地ガイドさんのおすすめ情報

東京アングリング・アンド・カントリークラブ

明治時代の中ごろ、イギリスの貿易商として知られるトーマス・グラバー（→P67）が、アメリカ産のニジマスを中禅寺湖に放流したことをきっかけに、つりを目的とした外国人が日光を訪れるようになり、大使館の別荘などが建てられていきました。

こうして国際避暑地となった日光では、1925（大正14）年になると、イギリス人で貿易商のハンス・ハンターが、東京アングリング・アンド・カントリークラブというマスづりのクラブを設立します。そして、かつてグラバーの別荘があった場所に、社交場と迎賓館を兼ねた「西六番別荘」を建てました。そこには、在日外交官をはじめとした外国の要人とともに、日本の政財界の要人や皇族なども集い、日光は、「夏の外務省」ともよばれるようになりました。

▲中禅寺湖畔の西六番別荘の跡地。いまでは、暖炉の煙突部分が残る。

近代遺産 近代建築

明治維新以降、西洋の技術や文化を積極的に取りいれた日本には、当時の近代建築が多く残ります。避暑地や観光地として発展し、工業でも栄えた日光にも、いくつもの近代建築が見られます。

▲日光田母沢御用邸記念公園の建物。右上は、玄関にあたる車寄せ。下は、天皇が日常的な公務をおこなった御座所。

日光田母沢御用邸記念公園

御用邸は皇室の別邸で、日光田母沢御用邸は、1899（明治32）年から1947（昭和22）年まで、3代にわたる天皇が、皇太子の時代もふくめて利用しました。1918（大正7）年からの2年間に大増改築がおこなわれたこともあり、106の部屋をもつ大規模な木造建築で、江戸、明治、大正の各時代の建築様式が見られます。国の重要文化財に指定されている建物を中心とした約4万㎡の敷地は、「日本の歴史公園100選」に選定されています。

JR日光駅

JR日光駅は、1890（明治23）年に開業し、いまの駅舎は、1912（大正元）年に建てられたものです。駅長室のとなりには、大正天皇が田母沢御用邸を訪れたときに使用した貴賓室があり、豪華なじゅうたんが敷かれた床、大理石の暖炉、天井のシャンデリアなどが、当時のままの姿で保存されています。

▲JR東日本でもっとも古い木造建築で、2017（平成29）年には、大規模な改装が完了する。

近代遺産

古河掛水俱楽部

　足尾銅山(→P102)を経営していた古河鉱業会社が、現地を訪れた政府高官などの接待や宿泊に使用した迎賓館です。旧館は1899(明治32)年に、新館は明治末期に建てられ、大正初期に改築されました。建物は、外観は洋風ですが、内部は、和洋それぞれの様式が用いられています。

日光金谷ホテル

　1873(明治6)年に、外国人向けの宿泊施設として創業したホテルです(→P66)。その後、だれもが利用できるホテルとなり、木造2階の本館が1893(明治26)年に建てられ、木造2階の新館が1901(明治34)年に建てられました。1935(昭和10)年には、木造3階の別館も建てられました。いずれも増改築をへて今日に受けつがれていることもあり、国の登録有形文化財となっています。

▲国の登録有形文化財となっている古河掛水俱楽部。現在は、古河機械金属株式会社の福利厚生施設として使用されていて、週末・休日には、一般に公開されている。

▲日光金谷ホテルの本館(左)と別館(右)。本館は、1936(昭和11)年に地面を掘りさげて1階部分を増築し、現在のような3階建てとなった。

日光市庁舎本館(旧日光市役所)

　大正時代初期にホテルとして建てられた建物で、1954(昭和29)年から市役所として、2006(平成18)年からは支所として使用されています。城のような外観で、中央部は天守を思わせるようなつくりをしていて、その左右には、大きな破風*が見られます。
＊屋根の妻側(端)にある三角形の部分。

▼国の登録有形文化財となっている日光市庁舎本館。

調べよう！

日光を訪れた外国人

江戸時代末期の開国により、多くの外国人が日本にやってきました。そうした外国人のなかには、長い歴史があり、国際避暑地としても栄えた日光を訪れた人がたくさんいました。

金谷ホテル歴史館

1873（明治6）年に創業の日光金谷ホテル（→P65）は、日光東照宮の楽師（雅楽演奏者）をしていた金谷善一郎が、ヘボン式ローマ字のつづりを考案したヘボン博士（アメリカ）のすすめで、自宅の一部を外国人の宿泊施設とした「金谷カッテージ・イン」がはじまりといわれています。1893（明治26）年には、日本初の本格的な西洋式リゾートホテルとして営業を開始しました。

現在、創業時の「金谷カッテージ・イン」は、国の登録有形文化財となっていて、「金谷ホテル歴史館」として公開されています。さまざまな展示があるなか、日光を訪れた外国人についての展示もあり、次のような人たちの写真やゲストブックが展示されています。

※人名の後ろの【　】内は、日光金谷ホテルを訪れた年。

ハリー・パークス【1874（明治7）年】
イギリスの外交官。幕末に駐日公使として来日。明治維新後は、新政府の外交政策を援助し、灯台、電信、鉄道などの近代西洋文明の導入を提唱した。

エミール・ギメ【1876（明治9）年】
フランスの実業家。美術品の収集家でもあり、世界一周の途中で日本に立ちより、多くの宗教美術を収集。自身の東洋美術のコレクションをもとに、フランスでギメ美術館を設立した。

エドワード・モース【1877（明治10）年】
アメリカの動物学者。大森貝塚を発見し、発掘調査をおこなう。ダーウィンの進化論を日本ではじめて紹介し、日本の考古学と人類学の発展に貢献した。

金谷ホテル歴史館として公開されている、かつての「金谷カッテージ・イン」。当時は、外国人から「侍屋敷」とよばれていた。

◀イザベラ・バードが滞在した部屋。

イザベラ・バード【1878（明治11）年】
イギリスの女性旅行家。1854年（23歳）から1904年（72歳）まで、世界各地を旅する。47歳で来日し、東北地方や北海道を訪れ、のちに『日本奥地紀行』を出版した。

ユリシーズ・グラント【1879(明治12)年】
アメリカ第18代大統領。南北戦争(1861〜1865年)では、総司令官として北軍を勝利に導いた。来日時には、琉球(いまの沖縄県)をめぐる日本と清(中国)とのあいだの問題の解決にあたった。

トーマス・グラバー【1885(明治18)年】
イギリスの貿易商。幕末に来日し、長崎でグラバー商会を設立。最初は日本茶の輸出をおこなっていたが、やがて武器や軍艦などをあつかい、薩摩藩や長州藩との関係を深めていった。

アーネスト・フェノロサ【1887(明治20)年】
アメリカの東洋美術史家。来日当初は、東京大学で哲学などを教えていたが、日本美術に興味をもち、その復興をとなえ、弟子の岡倉天心とともに、東京美術学校(のちの東京藝術大学美術学部)を設立した。

エルウィン・フォン・ベルツ【1904(明治37)年】
ドイツの医学者。東京医学校(のちの東京大学医学部)の教師にむかえられて来日し、公衆衛生の向上や伝染病の予防につくし、日本の医学の発展に貢献した。

フランク・ロイド・ライト【1905(明治38)年】
アメリカの建築家。最初は、浮世絵や東洋美術の収集を目的に来日したが、1923(大正12)年に開館した帝国ホテルなどの設計もおこなった。

アルバート・アインシュタイン【1922(大正11)年】
アメリカのノーベル物理学賞受賞者。ドイツ生まれのユダヤ人。ナチスの迫害をのがれて、アメリカに亡命。物理学で大きな業績を残した人物であるとともに、熱烈な平和主義者としても知られる。

ウェルナー・ハイゼンベルク/ポール・ディラック【1929(昭和4)年】
ドイツとイギリスのノーベル物理学賞受賞者。いっしょに来日して講演をおこない、のちにノーベル賞を受賞する湯川秀樹や朝永振一郎など、当時の日本の若い物理学者に大きな刺激をあたえた。

チャールズ・リンドバーグ【1931(昭和6)年】
アメリカの飛行家。1927年に、史上初となるニューヨーク・パリ間の大西洋横断単独無着陸飛行に成功。1931年には北太平洋の横断に成功し、日本に立ちよった。

ヘレン・ケラー【1937(昭和12)年】
アメリカの社会福祉活動家。1歳のときに病気で視聴覚障がい・発話障がいをこうむるが、不屈の精神で克服し、大学を卒業。世界各地を訪問し、身体障がい者の教育や福祉につくした。

ドワイト・アイゼンハワー【1946(昭和21)年】
アメリカ第34代大統領。第二次世界大戦では、連合国軍総司令官として、ノルマンディー上陸作戦を指揮。戦後は、大統領として、共産圏への巻きかえしをはかるいっぽう、朝鮮戦争やインドシナ戦争の解決にあたった。

▲1893(明治26)年に、本格的な西洋式リゾートホテルとして営業を開始したときの日光金谷ホテル。

インディラ・ガンディー【1957(昭和32)年】
インドの女性政治家。父で、のちに首相となるネルーとともに、インドの独立運動に参加。1966年には、自らも首相に就任した。

▶日光金谷ホテルに残るゲストブック。左の下から3番目の"Mrs. Bishop"がイザベラ・バード。右の下から3番目がアルバート・アインシュタイン。

産業 観光業

門前町として栄えた日光は、観光業が古くから発達しました。明治維新以降は、外国人を中心に、避暑地としての人気が高まり、鉄道の開通や道路の整備も進み、日本を代表する観光地のひとつとなりました。

門前町として発展

日光が門前町として栄えはじめるのは、日光東照宮(→P16)の造営をきっかけに、江戸幕府の保護を受けるようになってからです。参拝のための参道として、現在も残る「日光杉並木(→P56)」が整備されると、将軍や例幣使(朝廷からの使者)をはじめ、大名から庶民まで、多くの人びとが日光を訪れるようになりました。なかでも、日光詣の庶民は、しそまきとうがらし、羊羹、日光湯波など、今日に伝わるみやげ品(→P113)を買いもとめました。その結果、日光は大いににぎわい、発展していきました。

▲門前町として栄えた日光の現在。写真は、陸域観測技術衛星「だいち」が、宇宙から撮影したもの。大谷川沿いに町がのびている。

避暑地として発展

明治維新により、外国との交流がさかんになると、たくさんの外国人が日光を訪れるようになりました(→P66)。そのことで、西洋式のリゾートホテルや外国人の別荘が建てられました。なかでも、中禅寺湖畔には、明治時代の中ごろから昭和初期にかけて、各国大使館の別荘が建てられました。その結果、避暑地として日光が注目されるようになり、新たな発展をとげました。

▶かつてのイタリア大使館の別荘。いまでは、イタリア大使館別荘記念公園として、一般に公開されている(→P62)。

日光の工業

かつての日光は、観光業とともに、工業が主力産業でした。足尾銅山（→P102）を経営する古河鉱業会社は、銅の生産量が増えると、1906（明治39）年に、日光電気精銅所を設けました。電気を使った銅の精錬*をはじめるため、中禅寺湖の水を利用した水力発電所も建設しました。その結果、日光は、工業がさかんになっていきました。

＊鉱石から必要とする金属を取りだし、純度の高いものにすること。

▲足尾銅山で採掘された銅の精錬をおこなっていた、古河鉱業会社日光電気精銅所。　　渋沢史料館所蔵

観光地として発展

日光東照宮をはじめとした文化財に加え、日光国立公園のゆたかな自然、そして温泉（→P86）など、多くの観光資源にめぐまれた日光には、第二次世界大戦後は、復興とそれに続く高度経済成長（→P15）もあって、たくさんの人が訪れるようになりました。そのことで、鉄道の運行本数が増え、いろは坂（→P55）をはじめとした道路の整備も進んで、日光を訪れる人の数は、どんどん増えていきました。そして、「日光を見ずして結構と言うなかれ」ということばも知られるようになりました。

また、1999（平成11）年には、日光東照宮をはじめとした二社一寺が、「日光の社寺」としてユネスコの世界遺産（→P48）に登録され、2005（平成17）年には、戦場ヶ原（→P89）などの湿原が、「ラムサール条約（→P90）」の登録湿地となりました。その結果、世界からも日光が注目されるようになり、いまでは「国際観光都市」として、国の内外から年間1000万人ほどの人びとが訪れています。

▲第2いろは坂。交通量の増加にともない、1965（昭和40）年、上り専用として完成した。もともとあった第1いろは坂は、下り専用となっている。

▶日光の社寺の世界遺産への登録を記念して、神橋の近くにつくられた「世界遺産の碑」。

産業 伝統工芸

栃木県では、県の伝統工芸品に、57品目が指定されています。それらのうち、日光彫、日光下駄、日光茶道具*は、古くから日光の伝統工芸品として知られています。

*県の伝統工芸品としての名称は、郷土玩具日光茶道具。

日光彫

はじまりは、江戸時代の初期のことです。日光東照宮(→P16)でおこなわれた「寛永の大造替」のときに集められた大工や彫刻師などの職人が、仕事の合間に彫っていたものが、日光彫として、今日に伝わりました。

先が60度ほど曲がった「ひっかき刀(→P72)」という彫刻刀が多く使われ、絵柄には、日光東照宮の建物に見られる牡丹をはじめ、菊、桜、梅などの花や植物が多く見られます。材料は、乾燥させたトチノキ、ホオノキ、カツラなどです。お盆や菓子器、文箱のような小さなものから、家具のような大きなものまで、生活のなかで使われるものがつくられています。

日光彫の特徴は、ひっかき刀が生みだす流れるような曲線と、材料の美しさを引きだす日光堆朱という漆塗りです。

日光下駄

江戸時代、日光東照宮、日光二荒山神社(→P36)、日光山輪王寺(→P42)に立ちいるときには、草履をはくのが決まりでした。しかし、坂が多く、雪が積もることもあり、草履では不便なので、草履の下に台木を合わせた「御免下駄」というものが考案されました。これが日光下駄のはじまりです。

日光下駄は、ホオノキやハンノキを台木とし、そこに竹の皮で編んだ草履を麻糸でぬいつけ、わらを芯にした木綿の鼻緒をつけたものです。丈夫なうえ、夏はすずしく、冬は雪がつきにくくてあたたかいので、日光の風土に合ったはきものです。いまでは、台木には軽い木材を使用し、鼻緒のデザインが現代風のものもあるので、おみやげとしても人気があります。

日光茶道具

日光彫のもととなる木地をつくる木地師が、余った木材を有効に活用して、仕事の合間につくったのがはじまりといわれています。ロクロ*を使ってつくるミニチュアの茶道具で、茶碗、茶たく、茶釜、茶筒、急須、ひしゃく、茶こぼしなどが、ひとつのお盆の上にまとめられています。

お盆の大きさは、直径が12cmから30cmほどとさまざまです。上にのせる茶道具は、サクラ、カリン、クリなどの木を使いわけ、精巧につくられます。

実際に使うのではなく、かざって楽しむ、とても味わい深い郷土玩具です。

*おもに材料を回転させることで、円形の器をつくる機械。

日光木彫りの里工芸センター

県が指定した日光の3つの伝統工芸品は、ゆたかな自然と伝統的な技法によって生みだされた木工品です。それらを展示し、その製造工程を紹介しているのが、日光木彫りの里工芸センターです。

▲日光木彫りの里工芸センターの外観。

日光市小倉山森林公園にある、日光の伝統的な木工品を紹介する文化施設です。日光市小倉山森林公園は、文化やスポーツの総合公園なので、スケート場やテニスコートなどもあります。

日光木彫りの里工芸センターでは、日光彫、日光下駄、日光茶道具などの作品を展示し、製造工程を紹介しているほか、木工教室をおこなっています。なかでも人気があるのが日光彫で、職人の指導のもと、お盆やお皿、菓子器や手鏡などの木地に絵柄を彫って、オリジナルの作品をつくることができます。また、公園内には、古民家を移築した「木彫りの里ふるさとの家」があり、日光下駄づくりの実演の見学や製作体験ができるコーナーもあります。

▲日光木彫りの里工芸センターの民芸品直売所にならぶ、日光彫の作品の数かず。

▲木彫りの里ふるさとの家でおこなわれている、日光下駄の製作実演コーナー。

- ●住所：栃木県日光市所野2848
- ●電話：0288-53-0070　●開館時間：9:00〜17:00
- ●休館日：木曜日（11〜4月、祝日の場合は翌日が休館。5〜10月は無休）、年末年始（12／29〜1／3）

伝統工芸品づくり

日光では、伝統工芸品のひとつの日光彫のほか、ふくべ細工や益子焼といった栃木県の伝統工芸品をつくる体験ができます。

日光彫

「ひっかき刀」は、日光彫づくりの独特の道具です（→P70）。手前に引くことで線を彫ることができる彫刻刀で、社殿などに塗られた古い漆を落とすための道具を改良したものです。細くて繊細な線から、太くて力強い線まで、自由に表現することができます。

これを使って、手鏡や写真立てなどの木地に、好みの柄を彫っていきます。体験時間は、1時間30分から2時間ほどです。

▲ひっかき刀を使っておこなう、日光彫の体験のようす。

ひっかき刀。先が60度ほど曲がっている。

▲体験によって完成した、日光彫の作品。

ふくべ細工

全国の生産量の大部分を栃木県が占めるかんぴょうの材料となるユウガオの実(ふくべ)でつくる、花器や魔よけの面などです。ふくべ細工に使うユウガオの実は、種を取りのぞき、乾燥させて使いますが、どれも形がちがいます。ふくべ細工づくりの体験では、その形に合わせてチョークで下絵をかき、部分的に切りとるなどしてデザインをほどこし、色を塗ります。

体験時間は、1時間30分から2時間ほどですが、ラッカーがけといった仕上げは、別におこなわれることになるので、完成した作品は、後日送ってもらうことになります。

▲ふくべ細工体験で完成した作品。

焼き物の絵付け

益子焼は、国の伝統的工芸品にも指定されている焼き物(陶器)で、はじまりは江戸時代の終わりごろです。1924(大正13)年に、陶芸家の濱田庄司が栃木県の益子町に移りすみ、民芸品のよさを取りいれた新たな益子焼を広めたことで、国の内外で知られるようになりました。

この益子焼をはじめとした焼き物の絵付けの体験では、コップや湯のみ、茶碗などに筆で絵を描きます。絵付けが終わった焼き物は、施釉*、本焼きといった工程をへてできあがるので、完成品は、約3週間後に送られてきます。

自分が絵付けをしたものが、どのような色つやになって仕上がるかが楽しみです。

*釉薬という溶液を焼き物にかける作業。釉薬は、焼きあげるととうすい層をつくるので、焼き物につやが出る。

▶益子焼の陶芸家の指導のもとで絵付けをおこない、完成したマグカップ。

※ふくべ細工づくりと益子焼の絵付けの体験は、一部の宿泊施設でおこなわれている。

日光市の農林水産業

観光業が中心の日光ですが、独特な地形や気候を活用した農林水産業もおこなわれています。そばの生産や淡水魚の養殖などは、その代表例といえます。林業は、日光の歴史と深くかかわっています。

農業

栃木県の約4分の1の面積を占める日光市では、さまざまな農産物がつくられています。それらは毎月、「旬の食材」として学校給食に取りいれられています。

日光の農産物のなかでも、そばの収穫量は全国有数で、冷涼な気候、朝霧や夕霧が発生する気象条件、そして清らかな水などが、最高級のそばを育てます。そうしたこともあり、「そばのまち（→P99）」として知られる日光では、新そばの季節となる11月には「日光そばまつり」がおこなわれ、たくさんの人でにぎわいます。

また、いちごの収穫量日本一の栃木県では、山上げ栽培がおこなわれていました。いちごは、春に花を咲かせて実をつける植物です。夏に高冷地で苗を育ててから気温の高い平地にもどすと、春が来たと思いこみ、花を咲かせます。山上げ栽培は、この習性を利用して短期間で育てる栽培方法で、日光では、戦場ヶ原（→P89）の開拓地でおこなわれていました。いまでは、冷蔵庫を利用するなど、技術の開発が進んだため、山上げ栽培はおこなわれなくなりました。

日光市のそば畑。

日光フォトコンテスト入賞作品

林業

日光市の森林率（総面積に占める森林の割合）は87％ほどで、栃木県内の市町村のなかではトップです。また、県全体の林野面積の約35％を、日光市が占めます。江戸時代から林業がさかんで、日光東照宮の造営に多くの木材が使われたり、川を利用して運ばれた木材が、江戸で建築用材としてたくさん使われたりしたので、古くから、スギやヒノキの造林（森林づくり）がおこなわれていました。そのため、樹齢が300年をこえる木もあります。

▲日光市日光地域の人工林。人工林は、人の手によって整備された森林。

水産業

水資源が豊富な日光では、きれいな水を使った、イワナ、ヤマメ、ヤシオマスなどの淡水魚の養殖がさかんです。その歴史は古く、明治時代の中ごろには、中禅寺湖でニジマスの養殖がはじまりました。

また、もともと魚が生息していなかったといわれる中禅寺湖では、明治時代から、さまざまな魚の放流がおこなわれてきました。その結果、いまでは、ヒメマスやワカサギなどの漁場となっています。

◀▲日光市内にある、ヤシオマス、ニジマス、イワナなどの養殖場。左の写真は、ヤシオマス。

自然 日光の四季

ゆたかな自然にめぐまれた日光では、新緑の春と紅葉の秋にはもちろん、高山植物の花が咲く夏や、雪と氷におおわれる冬にも、美しい風景が見られます。ここでは、四季の日光を、代表的な風景で紹介します。

日光の春

春がゆっくり訪れる日光では、桜にはじまり、ツツジや新緑が季節を告げます。あざやかな緑を背景に、華麗な花ばなが咲きほこるようすは、絵画を見ているかのような美しさです。

▶春の霧降ノ滝(→P85)。新緑のあいだから、2段になった滝が見える。

▲日光二荒山神社の弥生祭(→P59)。写真は、神橋の上で、男体山に向かって関係者が礼拝する「登橋神事」。4月16日の宵祭りでおこなわれる。

▲樹齢350年といわれる、虚空蔵尊という神社に咲く枝垂桜。

▶春の竜頭ノ滝(→P84)。写真のように、5月から6月には、赤紫色のトウゴクミツバツツジが咲く。

日光の夏

かつて国際避暑地としてにぎわいを見せた日光ですが(→P68)、美しい自然にめぐまれ、夏でも過ごしやすいこともあり、いまでもハイキングやつりなどを楽しむ人びとが、たくさん訪れます。

▲ニッコウキスゲが咲く、初夏のキスゲ平。キスゲ平は、霧降ノ滝の上流部にあたる霧降高原にある。

▲ハイキングコースから見た、夏の湯川(→P88)。ゆるやかな流れに、緑濃い草木がうつる。

▲大谷川のマスづり。解禁となる春から夏にかけては、多くのつり人が訪れる。

▲日光二荒山神社中宮祠(→P52)の登拝講社大祭(毎年7月31日)にあわせておこなわれる、中禅寺湖の花火。

日光の秋

日光は紅葉の名所としても名高く、毎年多くの観光客が訪れます。標高差があるため(→P12)、9月中旬に日光白根山ではじまる紅葉は、日光市街が色づく11月中旬まで、2か月ほど楽しむことができます。

▲紅葉の湯滝(→P85)。滝を正面から見られる観瀑台には、たくさんの人が訪れる。

◀散策路から見た、紅葉の竜頭ノ滝(→P84)。

▲紅葉の中禅寺湖(→P82)。写真は、イタリア大使館別荘記念公園(→P62)から見た中禅寺湖と社山。

◀紅葉の日光山輪王寺(→P42)。写真は、護摩堂と相輪橖(→P43)。

日光の冬

冬の冷えこみのきびしい日光ですが、寒さが、自然の芸術をつくりあげます。雪や氷が、日光の風景を幻想的にするのです。

▲明智平展望台から見た、冬の中禅寺湖と男体山。左手前に見えるのは華厳ノ滝（→P84）。

▲雪景色の冬の神橋（→P40）。

▲日光霧降スケートセンター。屋外のスケートリンクなので、冬だけの営業となる。

▲十二滝とよばれる下部の小滝が凍結した、冬の華厳ノ滝。

▲◀2月を中心におこなわれる「奥日光湯元温泉雪まつり」。800ほどのミニかまくらに灯りをともす「雪灯里（左）」のほか、さまざまなイベントがおこなわれる。

自然 日光の山

男体山とともに、女峰山と太郎山は、山岳信仰(→P50)の山として神や仏がまつられましたが、日光には、これら3つの山をふくめ、火山活動によってできた山が多く、日光連山とよばれています。

男体山

日光市の西部にそびえる、標高2486mの山です。栃木県と群馬県にわたる日光火山群を象徴する山で、その形の美しさから「日光富士」ともよばれ、日本百名山のひとつとなっています。

男体山は、古代から山岳信仰の対象とされてきました。古くは「二荒山」とよばれていましたが、この名前は、観音菩薩が住むといわれる「補陀落山」がなまったものという説もあります(→P41)。

男体山では、毎年7月31日には、登拝講社大祭がおこなわれます。8月1日に日づけがかわる深夜0時になると、多くの人たちが山頂をめざしてのぼりはじめます。

▲中禅寺湖の北にそびえる男体山。

▲日光の市街地の西側に連なる日光連山。写真は、陸域観測技術衛星「だいち」が、宇宙から撮影したもの。

日光連山

男体山をはじめ、女峰山、太郎山、大真名子山、小真名子山、そして、関東地方最高峰の白根山(日光白根山)など、日光市の西部にそびえる2300mから2500m級の山やまは、日光連山とよばれています。なかでも、男体山、女峰山、太郎山は、日光三山(日光山)とよばれます(→P36)。

日光連山は、古くから山岳信仰の対象とされ、修験道(→P50)の霊場とされてきました。奈良時代の後期には、勝道上人(→P57)が日光山を開き、寺社を建立したことで、さらに信仰を集めました。とくに日光二山は、神仏がまつられたこともあり(→P51)、神社や寺、祠などが、いまでも多く見られます。

現地ガイドさんの おすすめ情報
日光連山のビューポイント

日光の市街地からは、西にそびえる日光連山を間近に見ることができます。とくに、大谷川からのながめは抜群で、日光だいや川公園などの河川敷のほか、霧降大橋や大谷橋などの大谷川にかかる橋の上からは、写真のような風景を楽しめます。

▲大谷橋から見た日光連山。

自然　日光の湖

日光の湖といえば、中禅寺湖と湯ノ湖が有名です。どちらも、火山の噴火で川がせきとめられてできた湖で、せきとめられたところには、大きな滝があります（→P84）。

▲紅葉の中禅寺湖。上は、西の湖畔となる千手ヶ浜で、遊覧船の季節便が発着する。下は、竜頭ノ滝に近い菖蒲ヶ浜で、遊覧船の定期便が発着する。

中禅寺湖

周囲約25km、面積約12km²、最大水深は163mで、日光国立公園の中心となる湖です。約2万年前、男体山の噴火による溶岩で川がせきとめられ、原型ができたとされています。湖面の標高は1269mと、日本でも標高の高いところにある湖のひとつです。

ゆたかな自然にめぐまれた中禅寺湖は、夏のすずしさやおだやかな気候を求めた外国人の避暑地としてにぎわった時代もあり（→P68）、新緑、紅葉、冬景色など、四季折おりの風景を楽しめます。湖を1周する遊覧船は、中禅寺湖の名所をめぐる定期便のほか、初夏のクリンソウ（→P93）や秋の紅葉が楽しめる季節便が運航されます。

湯ノ湖

　三岳の噴火による溶岩で、湯川（→P88）がせきとめられてできた湖です。三岳は、湯ノ湖の北東にある山です。3つの頂があるので、その名がつきました。

　湯ノ湖にたたえられた水は、南端の湯滝（→P85）から流れだし、湯川を通って中禅寺湖に注ぎます。周囲約3km、面積約0.35km²の湯ノ湖のまわりには、広葉樹や針葉樹の原生林があり、人の手が入っていない自然を楽しむことができます。

　湖の北岸には、日光湯元温泉（→P86）がありますが、湖底からも温泉がわきでているので比較的あたたかく、冬には水鳥が飛来します。ただし、最大水深が14mほどと浅いため、全面が氷でおおわれることもあります。マスづりの名所でもあり、5月から9月の解禁期間には、多くのつり人が訪れます。

▲紅葉の湯ノ湖。手前には湯滝が見え、奥には日光湯元温泉が見える。

現地ガイドさんのおすすめ情報

ほかにもこんな湖が

　中禅寺湖の西には西ノ湖があり、湯ノ湖の北には刈込湖と切込湖があります。どちらの湖も、ハイキングコースの一部となっています。

　西ノ湖は、中禅寺湖の西岸の千手ヶ浜の奥にある小さな湖で、気候によって水位が変化します。低公害のハイブリッドバスでしか近づけず、停留所からは15分ほど歩きます。そのため、風の音や鳥のさえずりなど、自然の音だけしか聞こえない、しずかな環境が特徴です。

　刈込湖と切込湖は、湯ノ湖と同じく、三岳の噴火によってできた湖です。名前のちがう湖ですが、2つの湖はつながっています。

▲西ノ湖。周囲1.5kmほどの小さな湖だが、水位によって大きさがかわる。

▲刈込湖。溶岩流が沢をせきとめてできた湖で、切込湖とともに、水が流れだす沢がない。

自然 日光の滝

日光は、四十八滝とも七十二滝ともよばれるほど、滝が多いところです。華厳ノ滝、霧降ノ滝、裏見ノ滝は、日光三名瀑とよばれ、華厳ノ滝、湯滝、竜頭ノ滝は、奥日光三名瀑とよばれています。

華厳ノ滝

華厳ノ滝は、日光でもっとも有名な滝です。中禅寺湖(→P82)から流れでた大尻川が、高さ97mの岩壁を一気に落下し、大谷川となります。和歌山県の那智の滝、茨城県の袋田の滝とともに、日本三名瀑のひとつです。

自然がつくりだす壮大なながめと、滝の姿や形の美しさを楽しむことができます。また、エレベーターで観瀑台に降りると、とどろく爆音とともに豪快に水しぶきがはじける滝つぼを、正面間近に見ることができます。

華厳ノ滝は、四季折おりの姿を楽しめるのも魅力です。春の新緑、初夏に飛びまわるイワツバメ、秋の紅葉はもちろん、まわりの小滝がこおる冬も、見ごたえ十分です。

▲観瀑台から見た華厳ノ滝。左右には、十二滝とよばれる小滝が見える。

竜頭ノ滝

湯川(→P88)の水が中禅寺湖に注ぎこむ手前のところにある、全長210mの滝です。男体山(→P80)の噴火による溶岩でできた幅10mほどの階段状の岩場を、湯川の水が勢いよく流れています。滝つぼの近くの大きな岩で流れが2つに分かれ、それを正面から見たようすが竜の頭に見えるので、この名がついたといわれています。

紅葉の名所として知られ、9月下旬ころから多くの人びとでにぎわいます。また、5月から6月には、まわりに赤紫色のトウゴクミツバツツジが咲きほこり、紅葉とはちがった美しさを楽しむことができます。

▲紅葉の竜頭ノ滝。中央の大きな岩が、滝の流れを2つに分ける。

裏見ノ滝

大谷川の支流にあたる荒沢川の上流にある、高さ20mほどの滝です。滝の後ろに道があり、不動明王がまつられていて、裏側からも滝を見ることができたので、この名がつきました。しかし、現在は、滝の裏側にいくことはできません。

日本全国をめぐって紀行文『おくのほそ道』を書いた松尾芭蕉は、1689（元禄2）年、この場所を訪れました。当時は滝の裏へも回れたため、芭蕉はその風景から、「暫時は滝に籠るや夏の初」という俳句をよみました。俳句の意味は、「しばらく滝の裏にこもっていると、部屋にこもっておこなう夏行という修行のはじめのような気持ちになることだ」です。

▲裏見ノ滝。日光三名瀑のなかでは、もっとも規模が小さく、幅は2mほど。

湯滝

湯ノ湖（→P83）の南端にある、高さ70m、長さ110m、幅25mほどの滝です。湯ノ湖の水は、湯滝として流れおちると、湯川となります。

華厳ノ滝や竜頭ノ滝と同じく、近くに遊歩道が整備されていて、滝が流れおちるようすを、上から、横から、滝つぼからと、さまざまな方向からながめることができます。とくに、滝つぼの観瀑台からは、迫力ある姿を、間近で楽しむことができます。また、湯滝の周辺はツツジやシャクナゲの名所でもあり、花の季節には、多くの人びとが訪れます。

◀湯滝。三岳（→P83）の噴火による溶岩でできた岩壁を、湯ノ湖の水が流れおちる。

霧降ノ滝

江戸時代の霧降ノ滝には、日光東照宮（→P16）に参拝する人びとの多くが立ちよったといわれます。江戸時代の中期から後期に活躍した浮世絵師の葛飾北斎は、「諸国瀧廻り」のなかで、この滝を描いています。

霧降川にかかる滝は、上下2段になっていて、上段は25m、下段は26m、全体の高さは75mあります。下段の滝の水が岩にあたり、飛びちる水しぶきで霧がかかったようになるため、この名がついたといわれます。正面に観瀑台があり、紅葉の時期には、滝と紅葉がとけあうような絶景が見られます。

▶紅葉の霧降ノ滝。写真では、上下2段になっていることが分かる。

自然 日光の温泉

火山の噴火により、いまの地形がつくられた日光には、火山のめぐみともいわれる温泉があります。なかでも日光湯元温泉は、長い歴史のある温泉として知られています。

日光湯元温泉

湯ノ湖(→P83)の北岸に開けた温泉街で、788(延暦7)年に勝道上人(→P57)が発見したと伝えられています。以来、湯治場として、多くの人びとに親しまれてきました。

硫黄がふくまれている湯で、神経痛やリウマチにきくといわれ、肌がつるつるになる効果があります。源泉の湯の色はエメラルドグリーンですが、空気にふれることによって乳白色となります。

源泉の近くには、日光山輪王寺の別院の日光山温泉寺があります。温泉が引かれているので、温泉を楽しめるめずらしい寺として知られています。また、温泉街には、無料で利用できる「あんよの湯」という足湯があり、効能ゆたかな温泉を気軽に楽しめます。

▲日光山温泉寺(上)と日光湯元温泉の源泉(下)。

中禅寺温泉

中禅寺湖(→P82)の北東岸にある温泉街で、源泉は日光湯元温泉です。1951(昭和26)年から、この地に湯を引いています。源泉は約78度と高温ですが、12kmほどの距離を移動するあいだに入浴に適した温度になります。近くには、日光二荒山神社中宮祠(→P52)、日光山中禅寺(→P54)、華厳ノ滝、竜頭ノ滝(→P84)などの見どころが多く、奥日光の観光拠点として、多くの人びとが訪れています。

▲男体山のふもとの中禅寺湖畔に広がる、中禅寺温泉の温泉街。

現地ガイドさんのおすすめ情報
温泉の効能

温泉は、泉質によって、さまざまなききめ(効能)があります。日光湯元温泉は、含硫黄ーカルシウム・ナトリウムー硫酸塩・炭酸水素塩・塩化物温泉という泉質で、美肌の湯として知られています。皮膚の脂や汚れを落とすだけではなく、湯上がり後の保湿や保温も万全です。また、毛細血管をひろげて血行をよくする硫黄の成分がふくまれているので、健康美人になるといわれ、女性に人気です。

 調べよう！

日光市の温泉地

日光湯元温泉と中禅寺温泉のほかにも、日光市には、鬼怒川温泉や川治温泉、湯西川温泉など、全国的に知られた温泉があり、首都圏などから、多くの人びとが訪れています。

鬼怒川温泉

江戸時代に発見され、その当時は、日光山に参拝する僧や大名だけに入ることを許されたという、由緒ある温泉です。明治時代になると、一般に開放されました。そして、やけどにきくとされ、湯治場として発展しました。

古くは、滝温泉や滝ノ湯などとよばれていて、鬼怒川温泉とよばれるようになったのは、昭和になってからです。鬼怒川の渓谷沿いに旅館やホテルがならぶ関東有数の温泉街には、箱根や熱海と同じく、首都圏から多くの人びとが訪れています。

▲鬼怒川の両岸に、旅館やホテルがならぶ温泉街。

湯西川温泉

1185（寿永4）年の壇ノ浦の戦いに敗れ、この地にのがれてきた平家の落人（戦で負けてにげてきた武士）が、湯西川の河原にわきでる温泉を見つけて傷をいやしたと伝えられる、歴史の古い温泉です。

湯西川の渓谷に沿って旅館がならび、渓谷に面した露天風呂などで、湯量が豊富な温泉を楽しむことができます。湯西川でとれる川魚のほか、山菜やきのこなどの山の幸、シカ、クマ、サンショウウオといった珍味など、地元の味覚を味わえるのも魅力です。冬におこなわれる「かまくら祭」では、河川敷に約1200のかまくらがつくられます。

▲湯西川に面した旅館の露天風呂。

川治温泉

男鹿川と鬼怒川が合流する渓谷にある温泉です。江戸時代に発見され、会津西街道の宿場町として、また、湯治場として、親しまれてきました。古くから「傷は川治、やけどは滝（鬼怒川温泉）」といわれ、川治温泉の湯は、神経痛やリウマチはもちろん、けがにもきくとされています。

源泉となる薬師の湯には、幕末に活躍した新撰組の土方歳三が、戦いで受けた鉄砲傷を治すため、会津に向かう途中に立ちよったといわれます。

▲紅葉の川治温泉。

川俣温泉

鬼怒川上流の渓谷にたたずむ、山の中の温泉です。宿の多くが川俣湖周辺と渓谷沿いにあり、露天風呂が多いことで有名です。近くには、平家落人伝説が残る平家塚のほか、約40分おきに120度の熱湯が20mから30mの高さにふきだす間欠泉、断崖の絶景が美しい瀬戸合峡などの観光名所があります。

▲川俣温泉と、熱湯を勢いよくふきだす間欠泉。

自然 奥日光の湿原

湯ノ湖とそこから流れでる湯川に加え、その湯川が流れる戦場ヶ原と湯川の西に広がる小田代原のうちの260.41ヘクタールが、2005（平成17）年に、「奥日光の湿原」として、ラムサール条約（→P90）の国際的に重要な湿地に登録されています。

湯ノ湖

　水深の浅い淡水湖の湯ノ湖には、東岸の国道120号線沿いに半島があり、ウサギの耳のように見えるので、兎島とよばれています。兎島は、紅葉の美しさで知られますが、そのつけ根のあたりは湿原になっていて、ワタスゲやツルコケモモ、レンゲツツジなどが自生しています。紅葉の季節には、草紅葉（→P93）で小さな湿原が赤く色づきます。
　また、湯滝（→P85）付近には、アズマシャクナゲの群落が分布しています。

▲紅葉が美しい、湯ノ湖につきでた兎島（右）。

湯川

　湯川は、湯ノ湖（湯滝）から竜頭ノ滝（→P84）をへて地獄川となり、中禅寺湖（→P82）に注ぐ川です。流れの急な川が多い本州にはめずらしく、ゆったりとした流れです。
　湯川の流域のうち、湯滝から戦場ヶ原までが、ラムサール条約に登録されています。湯川は、イギリス式のマスづりのフライフィッシングが、日本ではじめておこなわれた場所とされています。いまでも、多くのつり人が、ヒメマスやカワマス、ニジマスなどのつりを楽しんでいます。

▶秋の湯川の景観。

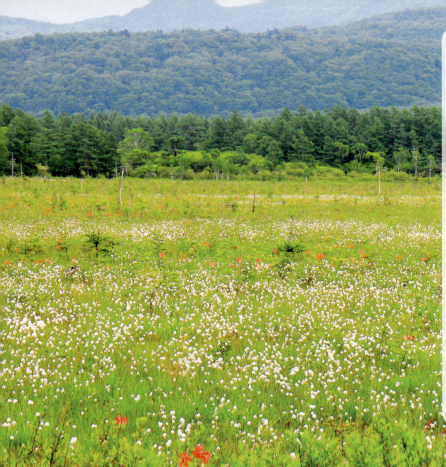
▲湿原性植物のワタスゲが見られる、6月下旬ころの戦場ヶ原。

戦場ヶ原

男体山(→P80)の西、中禅寺湖の北に広がる、400ヘクタールの広大な湿原です。中禅寺湖をめぐる領地争いのため、大蛇に化けた男体山の神と、大ムカデに化けた赤城山(群馬県東部の山)の神がこの地で戦い、男体山の神が勝ったという神話から、この名がつけられたといわれます。

一般的に湿原は、ミズゴケが多く、中央部がもりあがっている高層湿原、水が多く、栄養分に富んでいる低層湿原、その中間の中層湿原に分けられますが、戦場ヶ原には、この3種類の湿原があります。350種類におよぶ植物が自生していて、野鳥の種類が多いことで有名です。戦場ヶ原のうち、国道120号線の西側が、ラムサール条約に登録されています。

小田代原

湯川の西側に広がる小田代原は、周囲2kmの湿原地帯です。湿原から草原に移行する段階といわれていて、湿原と草原の特徴をあわせもっためずらしい土地となっています。

面積は戦場ヶ原の4分の1ほどで、ミズナラやカラマツの林に囲まれた大自然が広がります。雨が降ると、一時的に小田代湖が出現することもあり、アヤメやノハナショウブ、ウマノアシガタ、ニッコウアザミなどの植物が見られます。

また、草原のなかに「小田代原の貴婦人」とよばれる1本のシラカンバ(シラカバ)の木が生えていて、その姿を写真におさめようと、多くの人が訪れます。

▶朝霧のなか、夏の朝日を浴びる「小田代原の貴婦人」。

現地ガイドさんのおすすめ情報

日光湯元ビジターセンター

ゆたかな自然にめぐまれた日光国立公園を訪れる人たちに、植物や野生動物、ハイキングコースや季節ごとの見どころなど、役立つ最新の情報を提供している環境省の施設です。館内では、日光国立公園内の自然のほか、歴史や文化について、解説パネルや案内板で紹介されています。また、季節に応じて、自然観察などのイベントをおこなっています。

▲湯ノ湖の北岸の日光湯元温泉にある、日光湯元ビジターセンター。

ラムサール条約

ラムサール条約は、重要な湿地とそこに生息する動植物の保護を目的とした国際条約です。ラムサールは、カスピ海沿岸のイランの都市名で、1971年にこの条約が定められた場所です。

▲湯ノ湖畔にある「ラムサール条約登録湿地の碑」。

　湿原や干潟のほか、湖や川にある湿地は、さまざまな生物の命を支えています。魚や貝が生息し、それを食べに鳥や動物が集まります。そこに生息する水鳥もいれば、旅の途中で羽を休め、食べものを補給する渡り鳥もいます。また、湿地ならではの植物が生えたり、湿地自体が自然のダムとなったりもします。それらは、わたしたち人間のくらしを支え、守ってくれるものでもあります。

　しかし、湿地は人間による土地開発で、干拓や埋め立てなどをされることが多く、だんだん減少してしまっています。世界で見ると、湿地には国境をまたぐほど大規模なものもあります。また、渡り鳥は国境に関係なく移動します。そのため、湿地の保護には、国際的な取り組みが必要です。

　そこで、とくに水鳥の生息地として国際的に重要な湿地と、そこに生息したり生育したりする動植物を守るため、イランのカスピ海沿岸にあるラムサールでおこなわれた国際会議で、国際条約が採択されました。

　ラムサール条約は、環境を守るための国際条約の先がけともいえる存在です。現在では、水鳥の生息地にかぎらず、人工の湿地や地下水系、浅い海などもふくめた幅広い湿地を、登録の対象としています。

　日本は1980（昭和55）年に加入し、2016（平成28）年現在、全国50か所の湿地が、条約に登録されています。

日本最大の湿原として知られる、北海道東部の釧路湿原（東西25km、南北36km、総面積2万2070ヘクタール）。日本で最初にラムサール条約に登録された。

おもしろ情報

奥日光ハイキング

奥日光には、いくつかのハイキングコースが設けられています。「戦場ヶ原自然研究路コース」「小田代原探勝コース」「湯ノ湖一周コース」は、湿原の自然を楽しむことができるコースとして知られています。

● 戦場ヶ原

戦場ヶ原(→P89)には、湿原をぐるりと囲むように、木の板でできた道(自然研究路)が整備されています。全体的に平坦なうえ、6.3kmと距離が短めで、湿原の植物や水辺の鳥などを観察しながら歩けるので、奥日光でも人気の高いハイキングコースです。初夏のワタスゲ、秋の紅葉など、季節ごとに、美しい風景を楽しむことができます。

● 小田代原

小田代原(→P89)を通る7.2kmのハイキングコースは、戦場ヶ原と同じように、木道が整備されていて、比較的平坦な歩きやすいコースです。湯ノ湖(→P83)や湯滝(→P85)から入るコース、小田代原展望台から竜頭ノ滝(→P84)へ向かうコースもあり、いくつかのコースを組みあわせることもできます。見どころは、やはり「小田代原の貴婦人(→P89)」ですが、小田代原では、土地の高低差によって植生のちがいが見られるため、紅葉の時期には、しまもようになった草紅葉(→P93)も楽しめます。

◀自然研究路として木道が整備されている、戦場ヶ原のハイキングコース。

◀植物などを保護するため、木道の上を歩く、小田代原のハイキングコース。

● 湯ノ湖

周囲が3kmほどの湯ノ湖には、1時間ほどで湖岸を1周できるハイキングコースがあります。ほぼ平坦な歩きやすいコースなので、子どもやお年寄りでも気軽に楽しめます。湯ノ湖の周辺には、ウグイス、シジュウカラ、キツツキといった鳥のほか、キセキレイやマガモなどの水鳥の姿が見えます。初夏には、アズマシャクナゲが咲きほこる姿が見られ、夏には、さわやかな新緑のなかで鳥のさえずりが聞こえます。また、秋には、湖にうつる紅葉をながめられるので、季節ごとの景色を楽しめます。

▲ハイキングコースから見た湯ノ湖。湖面に紅葉がうつる。

自然 日光で見られる植物

日光は、日光駅などがある市街地と最高峰の白根山とのあいだに、2000mほどの標高差があります。丘陵帯から高山帯まで、土地の高さに応じて、複数の植物帯に分かれているので、さまざまな植物が見られます。

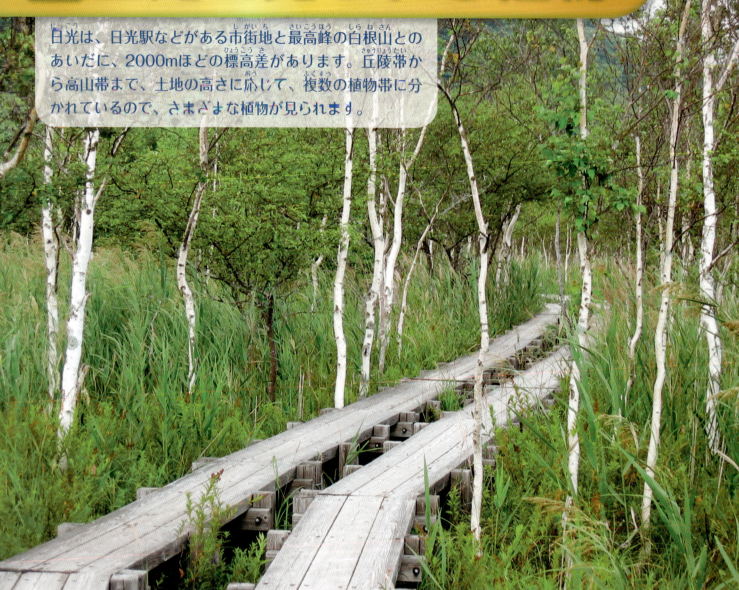

▲戦場ヶ原に見られる、シラカンバ（シラカバ）の自然林。

樹木

日光では、標高に応じて天然林が分布しています。標高800mから1600mの山地帯（中禅寺湖、戦場ヶ原、湯ノ湖など）には、ミズナラやブナ、ウラジロモミなどの落葉広葉樹林が見られます。標高1600mから2300mの亜高山帯には、コメツガ、シラビソ、オオシラビソなどの常緑針葉樹林が広がっています。また、シラカンバ（シラカバ）やダケカンバの自然林も見られます。標高2300mは、森林限界といわれていて、背の高い木が生える限界の高度となります。それより上の高山帯には、ミヤマハンノキやハイマツ（女峰山の周辺のみ）、ダケカンバ、ミネヤナギといった低木の林が見られます。

いっぽう、丘陵帯にあたる日光の市街地周辺には、スギを中心とした人工林が多くあります。とくに、日光杉並木（→P56）は有名です。ほかにも、山地帯には、カラマツの人工林が見られます。

草花や樹木の花

　日光の草花の分布で特徴的なのが、湿原と高原の草花です。戦場ヶ原や小田代原(→P89)といった湿原では、ワタスゲ、レンゲツツジ、ホザキシモツケ、アヤメ、ノハナショウブなどの湿原性植物や、ウマノアシガタ、ニッコウアザミなどの草原性植物の生育が確認されています。

　また、日光連山(→P81)では、バイケイソウやアキノキリンソウ、ウメバチソウ、シラネアオイなど、山地ならではの草花を見ることができます。ほかにも、霧降高原のニッコウキスゲや、日光白根山のハクサンフウロなど、自生する高山植物が見られます。

　春から初夏にかけては、アカヤシオやトウゴクミツバツツジ、アズマシャクナゲなどのツツジ類が咲きはじめ、戦場ヶ原や湯川(→P88)ではズミが、中禅寺湖(→P82)の千手ヶ浜ではクリンソウが、色あざやかに咲きほこります。

▲霧降高原のキスゲ平で、6月下旬から7月上旬に見られるニッコウキスゲ。

◀湯川で6月に見られるズミ。

▼中禅寺湖の千手ヶ浜で、6月上旬から7月上旬に見られるクリンソウ。

現地ガイドさんのおすすめ情報

草紅葉

　秋の日光の湿原では、草紅葉を見ることができます。草紅葉は、草が色づき、紅葉することです。写真の小田代原では、ヤマアワが白に、ノガリヤスとヤマヌカボがうす紫に、エゾヌカボがピンクに、ホザキシモツケが深紅に色づき、美しい草紅葉が見られます。

▲小田代原の草紅葉。ホザキシモツケの深紅が、ひときわ目立つ。

自然 日光で見られる動物

高山植物や樹木にめぐまれた日光では、それらの植物とともに生きる野生の動物や野鳥が、たくさん生息しています。とくに奥日光のハイキングコースでは、それらに出会うこともあります。

野生動物

日光には、特別天然記念物のニホンカモシカや天然記念物のニホンヤマネをはじめ、多くのほ乳類が生息しています。これは、日光が国立公園に指定され、鳥獣保護区となり、動物が保護されているためです。ほかにも、リスやアナグマ、タヌキ、キツネ、テン、ハクビシンなどの野生動物が確認されています。

しかし、奥日光全域に生息しているツキノワグマやニホンザルは、人間と出会うと危害を加えることもあるので、注意が必要です。

▼ニホンカモシカ。体長は70cmほどで、オスもメスも、黒くて短い角がある。

野鳥

日光は、全国有数の野鳥の生息地で、全国から多くの研究者が訪れています。湿原や草原、滝や湖、山岳地帯などの自然環境のなかで、さまざまな種類の野鳥を観察できます。

野鳥には、そこに１年をとおして生息している留鳥、春から夏にかけて繁殖のために日本にやってくる夏鳥、あたたかい場所で冬を越すために日本にやってくる冬鳥、日本より北あるいは南の地域へ移動するため、春と秋に日本に立ちよる旅鳥がいます。

留鳥としては、オシドリやゴジュウカラなどが湖で、アカゲラ、カワガラス、コガラなどが湿原や草原で、よく見られます。夏鳥としては、コマドリやイワヒバリなどが高山で、オオジシギやキビタキなどが湿原で、にぎやかにさえずります。秋から冬には、ヒドリガモやコガモ、カワアイサ、ハジロカイツブリなど、多くの水鳥が湖にやってきます。春や秋には、アトリやキレンジャクといった旅鳥も、湿原で羽を休めるようすが見られます。

アカゲラ

オオジシギ

コマドリ

ゴジュウカラ

現地ガイドさんのおすすめ情報

フタスジチョウとホザキシモツケ

奥日光のハイキングコースでは、チョウやトンボといった飛ぶ昆虫を見ることができます。なかでもフタスジチョウは、枝先に小さな紅色の花をつけるホザキシモツケが群生する戦場ヶ原や小田代原などで、６月下旬から８月下旬に見られます。これは、フタスジチョウの成虫がホザキシモツケの蜜をすい、幼虫が葉を食べるからです。いっぽう、フタスジチョウのおかげで、ホザキシモツケは受粉し、数を増やすことができるのです。

▲ホザキシモツケにとまるフタスジチョウ。どちらも絶滅のおそれがあるという。

おもしろ情報

栃木県立日光自然博物館

自然だけではなく、文化や歴史など、日光のことを楽しみながら知ることができる博物館です。映像をはじめとした体験的な展示が中心で、自然系展示室と人文系展示室などがあります。

▲栃木県立日光自然博物館の外観（下）と、入口にあたるエントランスホール（上）。

　中禅寺湖（→P82）の東岸近くにある、日光の自然や歴史を紹介する博物館です。館内には、日光の自然を迫力ある映像で楽しめる「四季彩ホール」のほか、日光の自然を紹介する「自然系展示室」や、日光の歴史を紹介する「人文系展示室」などがあります。

　自然については、火山活動による地形の成り立ち、四季の変化、動植物などが紹介されています。

　歴史については、勝道上人（→P57）の開山にはじまり、日光東照宮（→P16）などの門前町として栄えた時代や、国際避暑地（→P68）として発展した時代などをへて、現在にいたるまでを紹介しています。

　また、奥日光の美しい自然について、多くの人に知ってもらい、未来に受けついでいくため、自然体験ガイドや自然体験イベントを積極的に実施しています。さらに、最新の自然情報やハイキングマップなどの配布もおこなっています。

- ●住所：栃木県日光市中宮祠2480-1
- ●電話：0288-55-0880
- ●開館時間：4／1～11／10は9:00～17:00、11／11～3／31は10:00～16:00
- ●休館日：6／1～10／31は無休、11／1～5／31は月曜日（祝日の場合は翌日が休館）、年末年始（12／29～1／3）

▲「悠久の四季ー日光ー」という15分間の映画を上映する四季彩ホール。奥日光の自然を、迫力ある映像で楽しむことができる。

自然系展示室のジオラマ。5月中旬の中禅寺湖畔の森を再現したもので、動物のはく製にさわったり、木の標本にふれたりすることができる。

▲自然系展示室にある、奥日光の湿原の環境について解説するコーナー。

▲エントランスホールにある、自然情報センター。情報提供や自然体験活動のアドバイスのほか、ふれることができる展示などもおこなっている。

97

くらし 郷土料理・名物料理

日光湯波、しそまきとうがらしは、日光の郷土料理として知られています。そば、天然氷を使ったかき氷は、水のゆたかな日光の名物料理といえます。中禅寺湖のヒメマスやニジマス、牧場のアイスクリームも人気です。

日光湯波

　湯波は、豆乳を煮たてたときに表面にできるうすい膜を引きあげたものです。京都では湯葉と書き、一枚仕上げですが、日光では二枚仕上げなので、湯波のあいだに豆乳が残っているのが特徴です。肉や魚のかわりにタンパク質をとれる食品として、日光の社寺の精進料理に用いられてきましたが、低カロリーながら栄養豊富な健康食品として、家庭でも使われるようになりました。

　さしみ湯波（右の写真）などで食べる「生湯波」と、吸い物や煮物などに用いる「干し湯波」がありますが、生湯葉を重ねて巻いて油で揚げた「揚巻湯波（右上円内の写真）」は、ボリュームがあって食べごたえがあります。

しそまきとうがらし

　地元の日光とうがらしを、特別な種類のしその葉で巻いたものです。とうがらしもしその葉も、半年から1年ほど塩でつけこんだものを使います。とうがらしは、体をあたためるので、修行で日光に来た僧たちが、きびしい冬を乗りきるため、古くから食べていたといわれます。

　細かくきざみ、ご飯にかけて食べるのが一般的です。

ヒメマス

　中禅寺湖（→P82）には、マスやワカサギなど、多くの淡水魚が生息しています。なかでもヒメマス（写真上）は、水がきれいで冷たく深い湖に生息する貴重な魚です。湖畔には、とれた魚を料理する店が多数あり、塩焼き（写真下）をはじめ、スモークやムニエル、刺身などにして提供しています。

そば

そばの産地として知られる日光市は（→P74）、多くの手打ちそば店が軒を連ね、人口に対するそば店の割合が日本一といわれる「そばのまち」です。どの店も、こだわりの素材と水を使い、独自の工夫をこらしたそばや季節限定のそばなど、自慢のそばを提供しています。

ソフトクリーム・アイスクリーム

ゆたかな自然にめぐまれた日光の高原には、いくつかの牧場があります。そこでとれる新鮮な牛乳を使ったソフトクリームやアイスクリームは、たいへん人気があります。なかでも、大笹牧場や光徳牧場のものは有名です。ほかにも、栃木県産のいちご「とちおとめ」や、日光湯波の原料となる豆乳を使ったものも人気です。

かき氷

冬の寒さと名水が生みだす天然氷は、日光の名物です。天然水を池に引きいれ、こおらせてつくります。切りだされた氷は、日光杉のおがくずをかけて、氷室という貯蔵庫で、夏まで保存します。日光のかき氷は、この天然氷を使ったものですが、ふわっとしたなめらかな口あたりで、頭がキーンとならないといいます。

日光の祭りや風習

二社一寺の伝統行事のほかにも、日光ならではの祭りや風習があります。日光和楽踊りや日光けっこうフェスティバルは、地元の祭りとして知られています。子供強飯式は、古くから伝わる風習です。

▲きらびやかな日光和楽踊りの会場。「協同和楽」という日光電気精銅所の精神から、その名がついた。

日光和楽踊り

古河電工日光事業所で、8月上旬におこなわれている祭りです。1913（大正2）年の大正天皇による日光電気精銅所（古河電工日光事業所の前身／→P69）への行幸（訪問）が、民間企業へのはじめての行幸だったことを記念して、その翌年からおこなわれています。所内の和楽池のまわりが会場です。

サイレンとともに電飾（イルミネーション）が灯り、手踊り、笠踊り、石投げ踊りという3種類の踊りがおこなわれます。石投げ踊りは、足尾銅山（→P102）で鉱石をよりわける動作をあらわしているといわれています。当初は、従業員のための祭りでしたが、いまでは、多くの市民が参加する、にぎやかな夏の盆踊りイベントとなっています。

日光けっこうフェスティバル

10月上旬の土曜日におこなわれる、日光の秋を代表する祭りです。昼の部では、伝統工芸品の日光下駄を身近に感じてもらうための「日光下駄とばし選手権大会」、大谷川の石を使った「石ころアートコンテスト」、人気の「関東一芋煮会」といった催しが、日光運動公園などでおこなわれます。夜の部では、「日光秋の花火」が、大谷川の河川敷でおこなわれています。

▶鍵屋という江戸花火の製造元の花火が、2500発ほど打ちあげられる「日光秋の花火」。

▲日光けっこうフェスティバルでおこなわれている「日光下駄とばし選手権大会」。伝統工芸品の日光下駄を飛ばし、その飛距離を競う。

子供強飯式

日光では、日光山輪王寺の強飯式(→P60)だけではなく、生岡神社の子供強飯式が知られています。

生岡神社は、むかしは生岡大日堂という寺で、江戸時代には、日光山輪王寺の僧がやってきて、強飯式をおこなっていました。ところが、明治維新の神仏分離令(→P51)によって寺から神社となったため、日光山輪王寺の僧による強飯式ができなくなりました。そこで、地元の青年たちが復活させたのですが、第二次世界大戦中に大人の男性の多くが戦地に送りだされたこともあり、現在のような小学生や中学生による子供強飯式になったといわれています。

子供強飯式では、山伏と強力*にふんした少年が、法螺貝を合図に登場し、強飯頂戴人の大人に対し、山盛りの里芋やご飯を食べるように責めたてます。

＊山伏は、神様や仏様の教えを広める人。強力は、荷物を背負って山伏に従う人。

▲▶強飯頂戴人の大人たちに対して、山伏(右)と強力(上)にふんした少年が、口上とよばれる台詞を述べる。

日光の人びとの話し方の特徴

日光にかぎらず栃木県の人びとは、尻上がりの話し方をするという特徴があります。文節ごとに、後ろの方の音節を軽く上げて話すのです。具体的には、「それから」「そうすると」「きのうは」といった場合、後ろの音節に近づくにつれ、声の調子が上がっていきます。

環境問題 足尾銅山

17世紀に発掘がはじまったとされる足尾銅山には、明治維新以降の日本の近代化を支えた歴史があります。その反面、水質汚染や大気汚染といった公害が、日本で最初に発生したところでもあります。

▲国の史跡に指定されている、足尾銅山の本山製錬所跡。高さ50mほどの製錬所大煙突は、1919（大正8）年に建てられた。

足尾銅山とは

　足尾銅山のはじまりは、1610（慶長15）年のことです。備前楯山という山で、2人の農民が銅を発見しました。それ以来、江戸幕府の直営の銅山となり、採掘と精錬がおこなわれました。江戸時代中期には、毎年1000トン以上の銅が生産され、多くの労働者が集まり、「足尾千軒」といわれるほど、たくさんの家がたちならびました。

　ここでとれた銅は、日光東照宮（→P16）や江戸城など、全国の社寺や城の造営に使われるとともに、寛永通宝という貨幣にもなり、約2000万枚がつくられました。また、長崎に運ばれ、オランダや中国に輸出されました。ところが、水害などの影響もあり、江戸時代後期には衰退してしまいます。

　その後、明治維新をへて、1877（明治10）年になると、京都の実業家で、のちに古河財閥の創始者となる古河市兵衛が経営に乗りだし、最新の技術や設備により、施設の近代化をおこないました。その結果、新たな鉱脈の発見もあり、足尾銅山は急速な発展をとげ、復活をはたします。そして、1887（明治20）年には、日本の銅の約4割を生産するようになり、「東洋一の銅山」とよばれ、日本の近代化を支えました。

　ところが、そのことが、日本初の公害問題となる「足尾鉱毒事件」をまねきます。1896（明治29）年におきた洪水により、銅山から出た鉱毒が渡良瀬川に流れこみ、下流の田畑に被害をあたえました。さらに、排煙や鉱毒ガスなどの影響で木がかれるなど、大きな社会問題となりました。

　そうしたなかでも、1916（大正5）年の足尾の人口は、3万8000人を上回り、宇都宮市についで県内第2位となって、足尾銅山は最盛期をむかえます。しかし、その後は、第二次世界大戦中の無計画な採掘も影響し、銅がとれなくなってしまいます。そして1973（昭和48）年、350年以上も続いた足尾銅山は、閉山に追いこまれました。

田中正造（1841〜1913年）

明治時代の政治家として知られる田中正造は、足尾銅山の公害問題に命がけで取りくんだ人物です。人びとのくらしを守るために闘いつづけた生涯は、城山三郎の小説『辛酸』にも描かれています。

▲田中正造。写真は、1912（大正元）年の撮影。
佐野市郷土博物館所蔵

　1877（明治10）年以降、急速な発展をとげた足尾銅山ですが、近くを流れる渡良瀬川に鉱毒が流れこみ、1885（明治18）年になると、魚の大量死がはじまります。そして、流域の農地や農作物にも被害がおよび、そのことをきっかけに、農民たちにより、足尾銅山に対する反対運動がはじまりました。
　それを知って立ちあがったのが、現在の栃木県佐野市出身の田中正造です。衆議院議員として、足尾銅山の鉱毒被害についての質問状を、政府に対して何度も提出したのです。
　田中は、若いころから正義感が強く、領主の悪政を追求したことがもとで、牢屋に入れられたこともありました。そうしたこともあり、この問題を国会などで取りあげては演説をおこない、1901（明治34）年には、衆議院議員を辞職して天皇に直訴するなど、農民とともに闘いつづけました。
　ところが、県や政府は、鉱毒問題はなく、あくまで洪水問題だとして銅山の運営は続けたまま、谷中村（いまの栃木県栃木市藤岡町）に、洪水を防ぐための遊水池（いまの渡良瀬遊水池）がつくられることになりました。これに反対した田中は、谷中村の買収予定地に移りすみ、村民とともに最後まで抵抗を続けますが、谷中村は、1906（明治39）年に強制的に廃止され、遊水池となりました。
　その後も反対運動を続けた田中ですが、1913（大正2）年に病気で亡くなります。権力と闘い、人びとのくらしを守ることに人生のすべてをかけたこともあり、財産もすべて使いはたし、最後は無一文だったといいます。

▲空から見た渡良瀬遊水池。現在は、緑ゆたかで広大なヨシ原で知られ、多くの野生生物が生息していることから、ラムサール条約登録湿地（→P90）になっている。

◀出身地にある栃木県佐野市郷土博物館の田中正造展示室。中央の立像は、1910（明治43）年の洪水被害を調査したときの姿を表現したもの。
佐野市郷土博物館提供

足尾銅山観光

　350年以上も掘りつづけられた足尾銅山は、その坑道の総延長が1234kmにもなります。これは、東京から博多（福岡市）までの距離と同じくらいです。「足尾銅山観光」は、実際に掘られた坑道の700mを使い、採掘のようすなどを再現した施設です。

　トロッコ列車に乗って坑道を進み、坑内は、歩いて見学することになります。手掘り作業だった江戸時代から機械化された近代までのようすが、人形を使って、時代ごとに、わかりやすく展示されています。施設内には、鉱石から銅になるまでの過程を知ることができる銅資料館などもあり、貴重な資料が展示されています。

- 住所：栃木県日光市足尾町通洞9-2
- 電話：0288-93-3240
- 開館時間：9:00～16:30
- 休館日：無休

◀▲トロッコ列車（左）が走る、全長700mほどの坑道（上）。

▼江戸時代の手掘り作業のようすを再現した展示コーナー。

足尾歴史館

　江戸時代から昭和にかけて、日本の産業を支えてきた足尾の歴史にふれることができる施設です。銅山の発展とともに環境問題をかかえてきた足尾について、正と負の歴史を伝えつづけることを目的に、NPO法人が設立しました。運営はボランティアスタッフがおこない、必要な費用は入館料でまかなっています。

　館内では、鉱山を発展させた古河一族の資料、明治から昭和にかけての足尾の人びとの生活品、緑を守る活動などに関する展示がおこなわれています。また、屋外では、かつて足尾の中心部を走っていた「ガソリンカー」とよばれる機関車を復元し、毎月第1土曜日・日曜日に運行しています。

- 住所：栃木県日光市足尾町松原2825
- 電話：0288-93-0189
- 開館時間：10:00～16:00
  （開館は4／1～11／30）
- 休館日：月曜（祝日の場合は翌日が休館）

環境問題

▲足尾と人物のコーナー。足尾銅山の初代社長となった古河市兵衛をはじめ、関係者の写真や絵画、文学作品などが展示されている。
写真提供：NPO法人 足尾歴史館

▼客車を引くガソリンカー。大正時代末期（1920年代の中ごろ）に登場し、約30年間、足尾の中心部を走っていた。
写真提供：NPO法人 足尾歴史館

▲足尾環境学習センターの内部。空から見た足尾の風景が床に広がる、足尾大パノラマというコーナー。

足尾環境学習センター

　足尾の町の北部を流れる松木川が、仁田元川、久蔵川と合流する地点には、足尾ダムという砂防用のダムがあります。足尾環境学習センターは、この足尾ダムの下につくられた、銅親水公園にある施設です。

　空から見た足尾の風景が床に広がる展示室では、銅が発見される以前に松木とよばれていたこの地域の歴史を紹介しています。さらに、銅山の発展とともに発生した公害、周辺の自然環境の変化、緑化事業などについて、写真資料を中心に展示しています。また、マジックビジョンやミニシアターでは、近くの松木渓谷や足尾の歴史と自然を紹介しています。

▲銅親水公園と足尾環境学習センター。手前に見えるのは、松木川にかかる全長106.6mの銅橋。

● 住所：栃木県日光市足尾町銅親水公園内
● 電話：0288-93-2525
● 開館時間：9:30～16:30（4／1～11／30）
　※12／1～3／31は休館

植林活動

渡良瀬川の源流にあたり、足尾の町の北部にある松木地区は、銅を精錬するときに出た有害物質をふくむ煙の害により、木や緑が失われ、荒れはててしまいました。足尾銅山の閉山後は、国や県、ボランティア団体などが、100年かけて緑を復活させようと、植林活動をおこなっています。その結果、これまでに半分ほどの面積で、緑を取りもどしつつあります。

なお、こうした煙害を引きおこした足尾銅山ですが、問題をきっかけに、有毒ガスを発生させない技術を確立し、いまでは、その技術が国内外で用いられ、自然破壊を防いでいます。しかし、いったん失われた自然環境をもとにもどすには、とても長い時間がかかることを、足尾の山がわたしたちに教えています。

▲煙害などで荒れはてた足尾の山で、緑を取りもどすためにおこなわれている植林活動のようす。

▲松木地区にある松木渓谷。煙害などによって多くの緑が失われ、近くにあった松木村は、1902（明治35）年に廃村となった。

現地ガイドさんのおすすめ情報
NPO法人 足尾に緑を育てる会

NPO法人の足尾に緑を育てる会は、「足尾の山に100万本の木を植えよう!!」を合言葉に、植林活動をおこなっているボランティア団体です。1996（平成8）年の結成以来、大規模な植林活動を実施してきました。とくに、毎年おこなう「春の植樹デー」の参加者は年を追うごとに増え、近年では、1500人ほどが集まるようになりました。会では、植林活動の継続が重要と考え、体験植樹などをとおして積極的に活動に参加してもらうことで、未来をになう子どもたちにも、自分たちの想いを受けついでほしいと考えています。

環境問題 鳥獣害と外来種

鳥獣害は、カラスなどの野鳥、シカやイノシシなどの野生動物により、農作物などが被害を受けることです。外来種は、人間の活動により、外国を中心としたほかの地域から入ってきた生物のことで、生態系に影響をあたえます。

▲奥日光にある橋に腰かけているサル。

サル

中禅寺湖や華厳ノ滝などのある奥日光には、野生のニホンザルが住んでいます。1980年代以降、みやげ店に入ってきたり、観光客の荷物を盗んだり、また、田畑の作物を荒らしたりするなど、サルによる被害が出ています。そのため、サルに注意という看板が、あちらこちらにたてられました。

サルが人の近くにあらわれるようになったのは、サルの住む山に道路がつくられたり、酸性雨*で木がかれたりして、エサが減ったためです。さらに、人がエサをあたえてしまったことで、サルは人に近づくようになりました。

1997(平成9)年には、栃木県がニホンザル保護管理計画をつくり、それをもとに、2000(平成12)年には、全国初の「餌付け禁止条例」を定めました。そして、サルの追いはらいや、サルと人との住みわけをおこなっています。

*酸性度の強い雨。化石燃料（石油や石炭など）の燃焼で発生する窒素酸化物が原因とされる。

シカ

栃木県でニホンジカによる被害が出はじめたのは、1960年代からです。地球温暖化の影響で雪が少なくなったことや、シカの天敵だったオオカミが絶滅したこと、シカ狩りをする人が減ったことなどにより、ニホンジカの数が増えてしまったのです。

シカは、ササや花、木の皮などを食べてしまうので、貴重な植物が食べつくされたり、木がからされてしまったりという被害が出ています。また、サルと同じく、エサをあたえられることで人に慣れてしまい、夜の市街地に姿をあらわすようになっています。

栃木県では、1994（平成6）年にシカ保護管理計画をつくり、自然とシカが共存できるように頭数を管理するとともに、電気柵を設置したり、木にカバーを巻いたりするなど、さまざまな対策をおこなってきました。その結果、大きな被害を受けた小田代原では、かつての姿を取りもどすなど、一定の効果が見られます。

しかし、深刻なのは、シカが食べない植物ばかりが増え、森の生態系や環境のバランスがくずれていることで、数十年後には、森がなくなってしまうおそれもあります。そのため、より効果的な対策が急がれています。

▶シカに皮を食べられないように、保護テープが巻かれた木。

▲人が近づいても逃げないシカ。

植物

奥日光をはじめとした日光国立公園では、オオハンゴンソウなどの外来植物がさかんに生いしげり、ホザキシモツケやヤナギランなどの貴重な在来植物がおびやかされるようになりました。2006（平成18）年には、外来生物法にもとづき、オオハンゴンソウは特定外来生物に指定され、ボランティアによる除去活動がおこなわれてきました。しかし、外来植物はとても繁殖力が強く、すでに生息範囲が広がってしまったこともあり、完全になくなってはいません。

また、ハルザキヤマガラシ、ヒメジョオン、セイヨウタンポポ、フランスギク、メマツヨイグサなどの外来植物も在来植物に影響をあたえているため、これらについても、地道に手作業でぬいていく活動がおこなわれています。

▼ボランティアによる、オオハンゴンソウの除去活動。

▲▶ハルザキヤマガラシとその除去作業。

魚

オオクチバス、コクチバス、ブルーギルなど、もともと日本にはいなかった外来魚は、日光だけではなく、全国的な問題となっています。外来魚は、食欲がとても旺盛で、在来魚をおびやかすばかりでなく、繁殖力が強いので、河川や湖沼の生態系をくずすおそれがあります。これらの外来魚は、外来生物法により、輸入や飼育のほか、放流や運搬を許可なくおこなうことが、全国的に禁止されています。しかし、根絶することはできていません。

▲全国的な問題となっている、代表的な外来魚。左上から時計回りに、オオクチバス、コクチバス、ブルーギル。
写真提供：一般財団法人 自然環境研究センター

特別編 日光のテーマパーク

鉄道や高速道路を使えば、東京都心部から2時間ほどの距離にある日光市には、いくつかの温泉地があり、その宿泊客が立ちよるテーマパークもあります。日光江戸村と東武ワールドスクウェアは、その代表格です。

▲再現された江戸時代の町並み。歩く人たちも、当時の姿をしている。

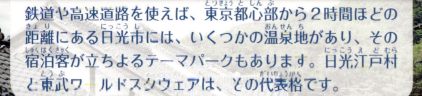

江戸ワンダーランド日光江戸村

「江戸ワンダーランド」と銘打った、江戸時代の文化を体感できるテーマパークです。広大な園内には、街道や宿場、武家屋敷や商家町、忍者の里など、当時の町並みが、木造建築によって忠実に再現されています。もちろん、内部の見学も可能で、江戸時代の歴史や文化を学べる展示館になっているものもあります。

ほかにも、江戸の職業体験やものづくり体験に加え、侍や町人、武家の娘やお姫様の衣装を着て歩くことができるなど、来園者向けのさまざまなメニューが用意されています。また、江戸時代の伝統芸や忍者ショー、江戸のくらしやできごとを題材とした芝居などがおこなわれる劇場もあります。

▲忍者ショー。ほかにも、忍者について体験できる施設がある。

- 住所：栃木県日光市柄倉470-2
- 電話：0288-77-1777
- 開園時間：3/20～11/30は9:00～17:00、12/1～3/19は9:30～16:00
- 休園日：水曜日（メンテナンス休園12/8～12/21）

▲ヨーロッパゾーンにあるサン・ピエトロ大聖堂。建物の前の広場には、8500体ほど人形がならぶ。

東武ワールドスクウェア世界建築博物館

　「世界の遺跡と建築文化を守ろう」をテーマに、46の世界遺産をふくめた102の遺跡や建築物を、25分の1の縮尺で精巧に再現し、展示しているテーマパークです。来園者は、45mの視点から世界を一望できます。

　園内は、現代日本ゾーン、アメリカゾーン、エジプトゾーン、ヨーロッパゾーン、アジアゾーン、日本ゾーンの6つのゾーンに分かれていて、東京スカイツリータウン、ホワイトハウス、クフ王のピラミッド、凱旋門とエッフェル塔、タージ・マハル、姫路城などが見られます。また、展示物の周辺には、やはり25分の1の縮尺で、身長7cmほどの人間のミニチュアが14万体も置かれています。そのため、世界の人びとの生活なども、身近に感じられます。

▲現代日本ゾーンで見られる、東京スカイツリータウン。

- ●住所：栃木県日光市鬼怒川温泉大原209-1
- ●電話：0288-77-1055
- ●開園時間：3／20〜11／30は9:00〜17:00、12／1〜3／19は9:30〜16:00（年によって変わる場合がある）
- ●休園日：無休

特別編 日光近隣の見どころ

日光修学旅行では、日光市の南西部と接する群馬県みどり市に立ちよれば、富弘美術館を見学することができます。美術館では、みどり市の出身で、画家でもあり詩人でもある星野富弘の作品を展示します。

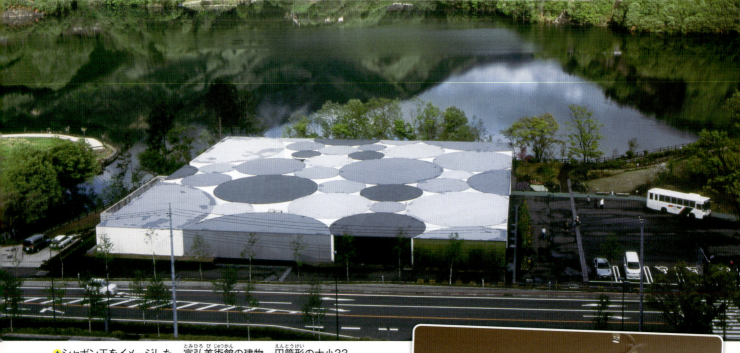

▲シャボン玉をイメージした、富弘美術館の建物。円筒形の大小33の部屋が集まり、廊下も柱もないつくりになっている。

富弘美術館

星野富弘は、1946（昭和21）年に、群馬県勢多郡東村（現在のみどり市東町）で生まれます。県内で中学校の体育教師となりましたが、クラブ活動の指導中に頸髄を損傷し、手足の自由を失いました。その後、多くの苦労をしながらも、口に筆をくわえて絵を描く技術を身につけ、自然の草花などの水彩画に詩をそえた「詩画」の世界を確立しました。

生きる勇気やよろこびを教えてくれる星野富弘の作品を集めた美術館は、草木ダム湖の湖畔にある、白く美しい建物です。展示室は、シャボン玉をイメージした角のない丸い部屋になっています。ほかにも、ビデオルームや図書コーナー、すばらしい眺めのカフェなどがあります。

▲富弘美術館の展示室。四角い部屋とちがって角がないため、壁を有効に使った、流れるような展示が可能になった。

- 住所：群馬県みどり市東町草木86
- 電話：0277-95-6333
- 開館時間：9:00〜17:00（入館は16:30まで）
- 休館日：4〜11月は無休、12〜3月は月曜日が休館（祝日の場合は翌日が休館）、年末年始（12／26〜1／4）は休館

おもしろ情報

日光の代表的なおみやげ

羊羹や漬け物は、むかしから日光のおみやげとして有名です。また、栃木県が収穫量日本一のいちごを使った菓子も人気です。

● 羊羹

古くから門前町として栄えた日光では、歴史のある老舗の羊羹屋さんが、製造と販売をおこなっています。僧侶や神官たちが食べていたものが、高級和菓子となって伝わりました。小豆、寒天、砂糖と、日光のきれいな天然水でつくります。日光では、まろやかでみずみずしい味わいの水羊羹を、夏ではなく、正月などの冬に食べる風習があります。

● いちごの菓子

いちごは、収穫量で日本一をほこる栃木県の特産品です。また、作付け面積でも日本一をほこる栃木県は、「いちご王国とちぎ」といわれています。そのため、いちごを使った商品も多く、菓子メーカーの製品のなかには、栃木県限定の「とちおとめ味」もあり、パイやバウムクーヘン、ケーキやクッキーに加え、ジャムなども販売されています。

● 漬け物

しょうゆやみそが熟成するときに表面にできる上澄み液は、「たまり」とよばれます。その中に、だいこん、なす、しょうが、らっきょうなどの野菜を入れ、漬けこんだのが「たまり漬け」です。日光をはじめ、栃木県では、古くから冬の保存食として、食べられてきました。それが商品化されてから、日光のみやげとして有名になりました。ご飯といっしょに食べますが、お茶漬けにも合い、お茶請けにも使われます。

事前学習
テーマを決めよう

修学旅行は、各自がテーマをもって参加しなければ、単なる物見遊山の旅行に終わってしまいます。そうならないためにも、基本計画を立てるとともに、主体的にテーマを決めることが必要です。

基本計画を立てよう

修学旅行では、グループに分かれて見学することもあるので、基本計画を立てるときには、グループごとに、次のような手順で進めます。

1 修学旅行の日程を確認する

どこを見学するのか、また、それぞれの見学先では、どのくらいの時間があるのか、グループ行動や自由行動の時間はあるのかなど、まずは、全体の日程をしっかり確認しておくことが必要です。たとえば、日光東照宮でのグループ行動は、何時から何時までなのかといったことの確認です。かぎられた時間のなかで、効率的に見学するためにも、修学旅行の日程の確認は重要です。

2 グループとしてのテーマを決める

グループごとの見学など、グループ行動をする場所では、グループとしてのテーマを決めておくことが大切です。しっかりとしたテーマをもっているかどうかで、修学旅行の充実度がちがいます。出発までに、グループ内でよく話しあい、何を見るのか、何をするのかもふくめて、テーマを決めることは重要です。たとえば、日光東照宮では、何をテーマにして、どこを重点的に見るのかといったことを決めておくことが必要です。

3 分担を決めて情報を集める

グループ行動のときの見学先はもちろん、ほかの見学先についても、見学の経路やポイント、文化や歴史をはじめとした見学先のあらましなどは、あらかじめ調べておく必要があります。見学先では、調べたことを確認しながら見学すると、とても理解が深まります。とくに、グループ行動の見学先については、建物や展示ごとに分担を決め、一人ひとりが集めた情報をグループ全体でまとめておくことが必要です。

4 スケジュール表をつくる

修学旅行では、起床や就寝の時間、食事や出発の時間はもちろん、すべての時間が決められています。とくに、グループ行動や自由行動では、解散してから集合するまでの時間はかぎられています。そこで、グループで集めた情報をもとに、どの建物やどの展示を見るのか、それぞれどれくらいの時間をかけて見学するのかなど、あらかじめ決めておかなければなりません。そのためにも、スケジュール表をつくることが必要です。

スパイダー・チャートをつくろう

　主体的にテーマを決めるには、テーマを見つけることが必要です。テーマを見つけるには、クモの巣のようにも見える「スパイダー・チャート」が役立ちます。以下の例を参考に、自分自身のアイデアで、キーワードを書きだし、それらを線で結び、スパイダー・チャートをつくってみてください。

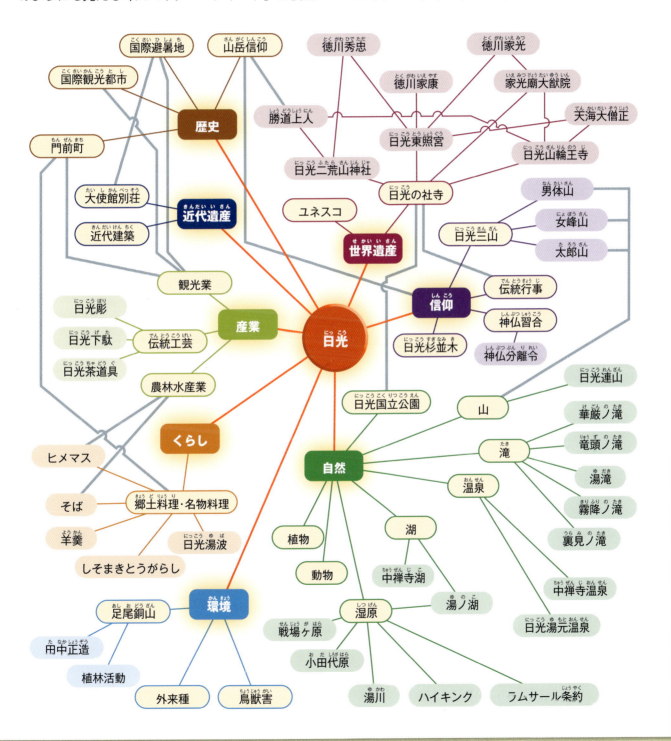

事前学習

テーマを深めよう

グループ行動などでのテーマが決まったら、そのテーマを深めていくことが必要です。テーマを深めるには、インターネットで情報を集めたり、図書館で資料をさがしたりする方法があります。

インターネットで情報を集めよう

インターネットは、情報の宝庫です。コンピューターさえあれば、またたく間に大量の情報を集めることができます。検索エンジンという情報をさがしだす機能を使って、知りたい情報がありそうなホームページを、次のようにしてさがしていきます。

● **検索エンジンの使い方**

ここにキーワードを打ちこんで、検索をクリックすると、そのキーワードがふくまれるホームページが検索されます。たとえば、「日光市　世界遺産日光の社寺」とキーワードを入れて検索をクリックすると、「世界遺産 日光の社寺」というサイトにたどりつきます。

● **日本のおもな検索エンジン**

- Google（グーグル）http://www.google.co.jp
- Yahoo! JAPAN（ヤフージャパン）http://www.yahoo.co.jp
- Yahoo!きっず http://kids.yahoo.co.jp

図書館で資料をさがそう

図書館には、本のほかにも、新聞や雑誌、DVDやCDといった視聴覚資料などがあります。学校図書館や地域の公共図書館で、本などの資料をさがすには、次の2つの方法があります。

● **書棚でさがす**

図書館の本は、決められたルールで書棚に並べられています。本の背表紙（本が書棚に入っている状態で見える部分）にはラベルがはられていますが、そこにある記号は、日本十進分類法（N.D.C.）にもとづく分類記号で、それを見れば、本のおよその内容がわかるようになっています。それぞれの分類記号が何を意味するのか、その分類記号の本がどの書棚にあるのかといった情報は、図書館の入口などに掲示された書棚案内図で確認できます。たとえば、美術品や工芸品に関する本であれば「芸術．美術」、動物や植物に関する本であれば「自然科学」といった書棚です。

● **コンピューター検索でさがす**

ほとんどの図書館では、コンピューター化が進み、本をさがすのがとても便利になりました。自分が必要な本について、書名や著者名などをコンピューターに入力すると、すぐに本のありかを知ることができます。書名や著者名がわからなくても、調べたい事柄（キーワード）を入力して本をさがす「キーワード検索」を利用すれば、そのキーワードに関する本を、たくさん見つけることができます。

日光について調べることができるホームページ

インターネットで情報を集めて日光について調べるときには、次のホームページが役立ちます。これらのほかにも、キーワード検索をおこなえば、見学先をはじめ、さまざまなホームページを見ることができます。

日光全般の情報

●日光市(観光の情報)

http://www.city.nikko.lg.jp/kanko
日光市の観光の情報を入手できる、市の公式サイト。

●日光市(キッズページ)

http://www.city.nikko.lg.jp/kids
日光市のことがわかる子ども向けのサイト「ウッキー先生の日光㊙塾」。

●日光市観光協会

http://www.nikko-kankou.org
日光市全体のさまざまな観光についての情報が入手できるサイト「日光旅ナビ」。

●日光フォトライブラリー

http://www.nikko-photo.com
「日光フォトコンテスト」の入賞作品を見ることができる。

世界遺産

●日光市(世界遺産 日光の社寺)

http://www.city.nikko.lg.jp/kanko/rekishi/shaji
日光の社寺の情報とともに、世界遺産に関する情報を入手できる、市の公式サイト。

●わくわく!日光の社寺たんけん

http://www.nikko-syaji-tanken.jp
二社一寺の子ども向けガイドブックを見ることができる(→P118)。

自然

●日光自然博物館

http://www.nikko-nsm.co.jp
日光自然博物館に関する情報のほかにも、奥日光の自然に関する情報が入手できる。

●日光湯元ビジターセンター

http://www.nikkoyumoto-vc.com
日光湯元ビジターセンターに関する情報のほかにも、奥日光の自然に関する情報が入手できる。

●日光市(奥日光の湿原)

http://www.city.nikko.lg.jp/kankyou/kankou/ramsar
ラムサール条約に登録された「奥日光の湿原」に関する情報を入手できる、市の公式サイト。

その他

●環境省(日光国立公園)

http://www.env.go.jp/park/nikko
日光国立公園に関する情報が入手できる。

●足尾Terrace

http://ashio.org
産業遺産と環境学習のまち「足尾」の情報を入手できる。

●とちぎふるさと学習

http://www.tochigi-ed.ed.jp/furusato/
「ひと」「もの」「こと」「かず」という4つのコーナーで、栃木県のことが学べる子ども向けのサイト。

事前・事後学習

日光図書館の司書おすすめの10冊

市町村などの公共図書館には、図書の収集、整理、保管、閲覧などの専門的な事務をおこなう司書とよばれる職員がいます。ここでは、日光市立日光図書館の司書がすすめる、日光の本10冊を紹介します。

わくわく！日光の社寺たんけん

世界遺産「日光の社寺」のひみつがたくさん紹介されています。日光市の学校の先生が、地元の小学生のために心をこめてつくった、とっておきの本です。

編集／「わくわく『日光の社寺』たんけん」作成委員
発行／日光文化財愛護少年団育成会
※以下のURLで、見ることができます（印刷も可能）。
http://www.nikko-syaji-tanken.jp

〈改訂新版〉日光パーフェクトガイド

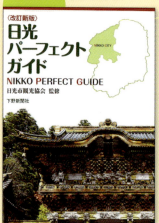

日光市の観光案内や歴史が、この1冊につまっています。全ページがカラーなので、とても見やすいガイドブックです。

監修／日光市観光協会
編集・発行／下野新聞社

世界遺産写真集「日光の社寺」悠久の杜の中で

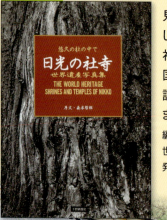

見ているだけでうっとりしてしまう、世界遺産「日光の社寺」の写真集です。外国人にもわかるように、英語の解説文も掲載されています。

編集／下野新聞社・「日光の社寺」世界遺産登録記念事業実行委員会
発行／下野新聞社

子どものための日光のむかしばなし

日光に伝わる昔話や伝説が、小学生でもかんたんに読めるように書かれています。一般には売られていない、とても貴重な1冊です。

著・発行／八木沢亨
※日光市立日光図書館に問いあわせてください。

花の色で引く 日光の花 325

日光で見られる325種類の花を色別にさがせる、とてもわかりやすいガイドブックです。「きれいな花だけど名前が……」というときにこれを見れば、すぐに解決します。

編集・発行／日光自然博物館
※日光自然博物館で販売されているので、博物館に問いあわせてください。

奥日光の鳥 100

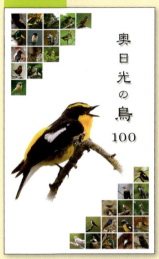

奥日光に生息する100種類の野鳥が掲載されています。鳴き声や特徴などもわかりやすく紹介されているので、バードウオッチングには欠かせない1冊です。

編集・発行／日光自然博物館
※日光自然博物館で販売されているので、博物館に問いあわせてください。

ネイチャーガイド 日光の自然図鑑

カラー写真とわかりやすい解説で、日光のゆたかな自然をまるごと楽しむことができます。日光で見られる562種の動植物が収録されています。

著／前田信二
発行／メイツ出版

ラムサール条約湿地 奥日光の湿原 環境学習ハンドブック

2005（平成17）年にラムサール条約（→P90）に登録された「奥日光の湿原」のハンドブックです。奥日光には、国際的にも認められたゆたかな自然のなかで、生き物たちがあふれる、すてきな場所があります。

編集／日光市産業環境部環境課
発行／日光市
※以下のURLで、見ることができます。
http://www.city.nikko.lg.jp/kankyou/documents/ramsar_handbook.pdf

栃木県歴史人物事典

日光を開山した勝道上人、日光東照宮にまつられている徳川家康など、栃木県にかかわる偉大な人物が、たくさん紹介されている事典です。

編集／栃木県歴史人物事典編纂委員会
発行／下野新聞社

歴史散歩⑨ 栃木県の歴史散歩

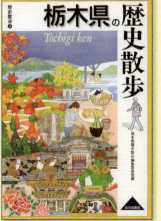

日光はもちろん、栃木県内の史跡や歴史の情報がもりだくさんです。これを読めば、栃木県の魅力をより感じられます。

編集／栃木県歴史散歩編集委員会
発行／山川出版社

事後学習 レポートをつくろう

修学旅行が終わったら、現地で学んだことをまとめ、レポートをつくることが大切です。みんなに興味をもって読んでもらえるように、レポートは、次の要領でまとめるとよいでしょう。

興味を引くタイトルをつける

レポートのタイトルは、具体的でわかりやすく、魅力的なものにします。しかし、学んだことを具体的にあらわそうとすると、タイトルが長くなってしまうことがあります。そうしたときには、サブタイトルをつけるという方法があります。

たとえば、「山岳信仰にはじまり、江戸時代には門前町として栄え、いまでは国際観光都市となった日光の歴史」というタイトルでは長すぎます。このような場合は、「日光の歴史」というタイトルのあとに、「山岳信仰の場や門前町から国際観光都市へと発展した日光の歩み」というようなサブタイトルをつけると、わかりやすく、読む人の興味を引くタイトルになります。

わかりやすいレポートの構成

レポートの構成の基本は、「序論ー本論ー結論」の3段階です。レポートは、この構成を意識すると、うまくまとめることができます。

【序論】
いわゆる、テーマの提示の部分です。なぜこのテーマにしたのかという動機や理由なども、ここに書きます。読む人が読みすすめたくなるレポートになるかどうかは、この序論にかかっているともいえます。

【本論】
レポートの重要な部分です。テーマについて調べたり、見てきたりした結果、わかったことや新たに出てきた疑問などをまとめます。わかったことを検証できる資料や写真なども入れておきます。また、どこで、どのようにして調べたのかという調べ方についても記載します。

【結論】
レポートのまとめの部分です。わかったこと、わからなかったことを明確に整理し、自分の考えや感想を明記します。また、調べ方についての反省に加え、今後どんなことを調査したいかなど、将来の課題について書いておくのもいいことです。なぜなら、次のテーマさがしに役立つからです。

現地で手に入れたパンフレットをはじめ、参考にした資料や本の名前を、発行所名などとともに明記しておくことも大切です。また、現地で情報を提供してくれた人たちの名前を記しておくことも必要です。

編集の達人になろう

手に入れた情報を編集するときには、次のようなことに気をつければ、興味をもって読んでもらえるわかりやすいレポートになります。

- 人が読むときには、1行が25文字くらいが読みやすいといわれています。用紙は、縦に2分の1に区切って行を組むと、読みやすくなります。
- だらだらと長い文章は、読み手の読む気をなくしてしまいます。そのため、意味のまとまりごとに、小見出しをつけます。
- 主語と述語の関係や修飾語の使いかたに気をつけ、あいまいな文章にならないようにします。
- 集めた資料は、できるかぎり表やグラフにして、ひと目で内容がわかるようにします。
- できれば、文章だけではなく、写真や図などをたくさん入れるようにします。

レポートの書きかたの例

● 表紙

● 目次

1	はじめに【序論】	2
2	●●●●【本論】	
	●●●●●●●	4
	●●●●●●●	5
	●●●●●●●	6
	●●●●●●●	7
	●●●●●●●	8
	●●●●●●●	9
3	まとめ【結論】	10
4	資料の一覧	12

● 序論・本論

● 結論

事後学習

発表しよう

レポートにまとめたことを、みんなの前で発表する機会もあります。クラス内で発表するときのためにも、次のポイントを知っておくとよいでしょう。

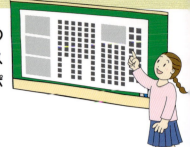

クラス内での発表

自分の考えを多くの人にうまく伝えるには、単に話をするのではなく、資料を見せながら説明することで説得力が増します。それには、レポートを配布するだけではなく、壁新聞のような掲示物をつくり、それをはりだして説明すると効果的です。

● 人を引きつける掲示物のポイント
・タイトルや見出しを目立たせます。
・色使いや文字の大きさなどを工夫します。
・読みやすい段組みにします。
・情報をもりこみすぎないようにします。

また、クラスのみんなに発表するときは、予想以上に緊張することもあります。緊張をやわらげるためにも、これから発表する内容を、自分自身がしっかりと理解していることが必要です。そのためにも、次のように準備を進めます。

● 自信をもって発表するための準備
① 発表のポイントを書きだす
作成したレポートの序論、本論、結論について、それぞれのポイントを、1枚の紙に箇条書きにしておきます。万一あがってしまい、何を話したらいいのかわからなくなったときには、この紙を見るようにします。

② 掲示物の説明カードをつくる
掲示物の説明がうまくできるかどうかが、発表のポイントとなります。表やグラフなどを見るときのポイントが説明できるように、1枚の紙にまとめておきます。

③ 発表の練習をする
掲示物を使ったり、声を出したりして、実際にやるときのように発表をしてみます。一度でも練習しておけば自信になるので、家族の前でやってみて、アドバイスを受けるとよいでしょう。

ほかにも、次のようなことに気をつけて発表します。

● 発表するときの話しかたのポイント
① はっきりゆっくりと話す
緊張すると早口になりがちなので、ふだんよりもゆっくりと、大きな声で話すように心がけます。

② 話しかけるように話す
多くの人に向かって話すというよりも、聞いている人の表情を見ながら、一人ひとりに話しかけるようにします。

③ 話の区切りには間を置く
話に区切りがなく、だらだらと続くと、聞く方は集中が切れてしまいます。文章に段落があるように、話にも区切りをつけ、区切りと区切りのあいだには、ひと呼吸の間を置くようにします。

●発表で注意すること

①**発表のテーマを最初に話す**
　はじめに、「きょうは●●●●について話します。発表の題は○○○○です。」と、はっきりと伝えます。●●●●はテーマ、○○○○はレポートのタイトルです。

②**失敗したことや苦労したことも話す**
　失敗談や苦労話は、同じようなテーマで調べてみようと思う人へのアドバイスにもなるので、聞いている人の役に立ちます。また、聞いている人の息ぬきにもなります。

③**最後に感想を話す**
　レポートの結論に書いたことの要点を話します。調べたことをとおして自分自身が感じたことや、今後はどんなことに取りくんでいきたいかなどを話します。調べたことだけで満足せずに、その経験をこれからどう生かしていくかということが大切で、聞く人の心にも残ります。

事前・事後学習

ホームページでの発表

　レポートにまとめたことは、ホームページにアップして、発表することもできます。

　レポートをつくるときと同じく、ホームページでも、伝えたい内容を読んでもらえるように、構成を考える必要があります。そのためにも、どのページをどのページとリンクさせるのかということを考え、どんな流れでページを並べるか、図を描いて確認する必要があります。

　次の２つの図はその一例ですが、こうした図はサイトマップとよばれ、ホームページの設計図となります。

●一直線型（例）

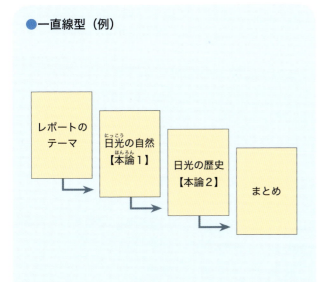

●枝分かれ型（例）

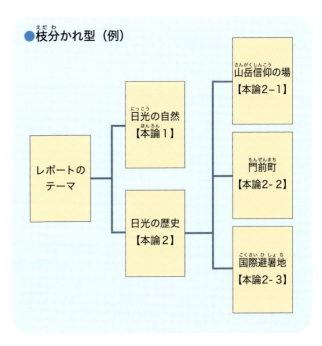

さくいん

あ行

- アーネスト・サトウ ……… 15、63
- アーネスト・フェノロサ ……… 67
- アイスクリーム ……… 98、99
- 会津西街道 ……… 56、87
- 銅資料館 ……… 104
- 銅親水公園 ……… 106
- 赤城山 ……… 89
- アカゲラ ……… 95
- アカヤシオ ……… 93
- アキノキリンソウ ……… 93
- 阿形 ……… 44
- 阿形像 ……… 25
- 明智平 ……… 55
- 明智光秀 ……… 34、55
- 亜高山帯 ……… 92
- 足尾環境学習センター ……… 106
- 足尾鉱毒事件 ……… 102
- 足尾千軒 ……… 102
- 足尾ダム ……… 106
- 足尾銅山 ……… 13、15、65、69、100、102、103、104、107、115
- 足尾銅山観光 ……… 104
- 足尾に緑を育てる会 ……… 107
- 足尾歴史館 ……… 105
- 足利学校 ……… 61
- 味耜高彦根命 ……… 36、42、51
- アズマシャクナゲ ……… 88、91、93
- 校倉造り ……… 20
- アトリ ……… 95
- アナグマ ……… 94
- 阿跋摩羅 ……… 45
- 阿弥陀如来 ……… 42、51
- アヤメ ……… 89、93
- 荒井寛方 ……… 33
- アルバート・アインシュタイン ……… 67
- アントニン・レーモンド ……… 62
- 家光廟大猷院 ……… 9、15、44、45、46、115
- 家康公御画像 ……… 32
- 生岡神社 ……… 101
- 生岡大日堂 ……… 101
- イザベラ・バード ……… 66
- 石ころアートコンテスト ……… 101
- 石田三成 ……… 34
- 石鳥居 ……… 30
- 石の間 ……… 28、29
- 伊勢神宮 ……… 36
- 板垣退助 ……… 33
- イタリア大使館別荘記念公園 ……… 62
- いちご ……… 74、99、113
- 一の鳥居 ……… 24、25、30
- 厳島神社 ……… 48
- イノシシ ……… 108
- 今川家 ……… 34
- 今川義元 ……… 34
- 入母屋造り ……… 26、27、37
- いろは坂 ……… 15、55
- イワツバメ ……… 84
- イワナ ……… 14、75
- イワヒバリ ……… 95
- 石見銀山遺跡とその文化的景観 ……… 48
- インディラ・ガンディー ……… 67
- 陰陽論 ……… 26
- ヴェルナー・ハイゼンベルク ……… 67
- 浮世絵師 ……… 85
- ウグイス ……… 14、91
- 兎島 ……… 88
- 氏子 ……… 59
- 歌ケ浜 ……… 54
- 馬返 ……… 55
- ウマノアシガタ ……… 89、93
- 烏摩勒伽 ……… 45
- ウメバチソウ ……… 93
- ウラジロモミ ……… 92
- 裏見ノ滝 ……… 7、84、85、115
- 吽形 ……… 44
- 吽形像 ……… 25
- 英国大使館別荘記念公園 ……… 63
- 絵師 ……… 20、29、32
- エゾヌカボ ……… 93
- 餌付け禁止条例 ……… 108
- 干支 ……… 24、27、29
- 江戸 ……… 17、56
- 江戸城 ……… 16、34、35、39、102
- 江戸幕府 ……… 8、16、34、36、39、47、68
- エドワード・モース ……… 66
- 江戸ワンダーランド日光江戸村 ……… 110
- エミール・ギメ ……… 66
- エルウィン・フォン・ベルツ ……… 67
- オオクチバス ……… 109
- 大国主命 ……… 38
- 大御所 ……… 35、39、47
- 大坂夏の陣 ……… 17、35
- 大坂冬の陣 ……… 35
- 大笹牧場 ……… 99
- オオジシギ ……… 95
- オオシラビソ ……… 92
- 大尻川 ……… 84
- 大鳥圭介 ……… 33
- 大己貴命 ……… 36、38、42、51
- オオハンゴンソウ ……… 109
- 大眞名子山 ……… 81
- 大森貝塚 ……… 66
- 大山咋命 ……… 38
- 岡倉天心 ……… 67
- 小笠原諸島 ……… 49
- 奥院 ……… 46
- 奥院宝塔 ……… 44
- 奥社 ……… 21、25、29
- 奥社拝殿 ……… 29
- 奥社宝塔 ……… 29
- 奥日光三名瀑 ……… 84
- 奥日光の湿原 ……… 13、15、88
- おくのほそ道 ……… 85
- 奥宮 ……… 36、52、53
- 桶狭間の戦い ……… 34
- オシドリ ……… 95
- 小田代原 ……… 7、14、88、89、91、93、95、109、115
- 小田代原探勝コース ……… 91
- 小田代原の貴婦人 ……… 89
- 織田信長 ……… 34、55
- 御旅所 ……… 58
- 小田原攻め ……… 15、61
- 御水舎 ……… 22、25
- 表門 ……… 20、22、25
- 親子杉 ……… 37
- 尾張 ……… 34

か行

- 開国 ……… 66
- 外来魚 ……… 109
- 外来種 ……… 108、115
- 外来植物 ……… 109
- 外来生物法 ……… 109
- 回廊 ……… 26
- かき氷 ……… 98、99
- 楽師 ……… 66
- 神楽殿 ……… 26
- 風穴 ……… 41
- ガソリンカー ……… 105
- 堅山南風 ……… 31、33
- 葛飾北斎 ……… 85
- 勝光宗光 ……… 32
- 金谷カッテージ・イン ……… 15、66
- 金谷善一郎 ……… 66
- 金谷ホテル歴史館 ……… 66
- 狩野永真安信 ……… 31
- 狩野探幽 ……… 20、29
- 狩野派 ……… 32、46
- 上神庫 ……… 20
- 唐銅灯籠 ……… 27
- 唐子 ……… 18、19
- 唐子の知恵遊び ……… 19
- 唐獅子 ……… 18
- カラス ……… 108
- 唐銅鳥居 ……… 25
- 唐破風 ……… 18、25、33
- がらまき ……… 60
- カラマツ ……… 89、92
- 唐門 ……… 22、28、29、52
- 唐様 ……… 24
- 刈込湖 ……… 83
- カワアイサ ……… 95
- カワガラス ……… 95
- 川治温泉 ……… 13、87
- カワセミ ……… 14
- カワマス ……… 88
- 川俣温泉 ……… 87
- 寛永通宝 ……… 102
- 寛永の飢饉 ……… 47
- 寛永の大造替 ……… 15、31、32、47、61、70
- 間欠泉 ……… 87
- 貫主 ……… 15、61
- 関東一芋煮会 ……… 101
- 観音菩薩 ……… 80
- 観瀑台 ……… 84、85
- かんぴょう ……… 73
- 紀伊山地の霊場と参詣道 ……… 48
- 木地師 ……… 70
- キセキレイ ……… 91
- 亀甲花菱紋 ……… 28
- キツツキ ……… 91
- キツネ ……… 94
- 祈祷殿 ……… 26
- 鬼怒川温泉 ……… 13、87
- ギネス世界記録 ……… 56
- キビタキ ……… 95
- 貴賓室 ……… 64
- 木彫りの里ふるさとの家 ……… 71
- 鬼門 ……… 43
- 旧日光田母沢御用邸 ……… 33
- 丘陵帯 ……… 92
- 行幸 ……… 100
- 経典 ……… 43
- 郷土料理 ……… 98、115
- 切込湖 ……… 83
- キリシタン ……… 47
- 霧降大橋 ……… 81
- 霧降川 ……… 85

霧降高原 …… 14、93	古事記 …… 18、23	持国天 …… 45	心柱 …… 24
霧降ノ滝 …… 7、84、85、115	腰羽目 …… 28	獅子 …… 25	神仏混合形式 …… 25
麒麟 …… 18、25	ゴジュウカラ …… 95	寺社奉行 …… 47	神仏習合 …… 25、42、51、115
キレンジャク …… 95	五重塔 …… 24	シジュウカラ …… 91	神仏分離令 …… 15、42、43、51、101、115
金閣殿 …… 46	御神木 …… 37	自然遺産 …… 48、49	
空海 …… 50、61	ごた祭り …… 59	自然研究路 …… 91	神馬 …… 20
公家諸法度 …… 35、39	古都京都の文化財 …… 48	自然林 …… 92	神門 …… 37
草紅葉 …… 88、91、93	古都奈良の文化財 …… 49	しそまきとうがらし …… 68、98、115	神輿舎 …… 27、59
久蔵川 …… 106	子供強飯式 …… 100、101	湿原性植物 …… 93	神輿渡御祭 …… 58
降竜 …… 22、28	胡粉 …… 28	四天王 …… 45	森林限界 …… 92
久能山 …… 15、16、17、58	狛犬 …… 22	司馬温公 …… 19	水盤舎 …… 25
グリ紋 …… 18	コマドリ …… 95	四本龍寺 …… 9、15、42、57	随風 …… 61
クリンソウ …… 82、93	小真名子山 …… 81	島津家久 …… 27	透かし彫 …… 26
車寄せ …… 33	後水尾上皇 …… 45	島原の乱 …… 47	スギ …… 75、92
黒田長政 …… 30	後水尾天皇 …… 39	下神庫 …… 20	杉戸絵 …… 33
慶安御触書 …… 47	コメツガ …… 92	下野の一の宮 …… 36	透塀 …… 23、28
迎賓館 …… 63、65	御免下駄 …… 70	シャクナゲ …… 85	少名彦名命 …… 38
華厳ノ滝 …… 7、55、57、84、85、86、115	鼓楼 …… 26、45	十二支 …… 24	ズミ …… 93
原生林 …… 83	権現造り …… 29、46	自由民権運動 …… 33	駿河 …… 34
犍陀羅 …… 45	金堂 …… 42	重要文化財 …… 8、9、16、64	駿府城 …… 16、35、39
厳朝 …… 57		修験道 …… 50、81	寸法 ……
原爆ドーム …… 48	**さ行**	春季例大祭 …… 27、58	征夷大将軍 …… 34、39
皇嘉門 …… 46	最澄 …… 50、61	精進料理 …… 98	セイヨウタンポポ …… 109
高山植物 …… 76、93、94	西ノ湖 …… 83	勝道上人 …… 9、15、36、40、41、42、50、51、52、53、54、57、81、86、96	世界遺産 …… 8、9、13、15、16、36、40、42、48、49、52、58、69、111、115
高山帯 …… 92	酒井忠勝 …… 24	常緑針葉樹林 …… 92	世界遺産条約 …… 48
高層湿原 …… 89	逆さの回り灯籠 …… 27	鐘楼 …… 26、45	世界遺産リスト …… 48
皇族座主 …… 42	逆柱 …… 30	諸国瀧廻り …… 85	関ヶ原の戦い …… 32、34、39
光徳牧場 …… 99	坂下門 …… 29	燭台 …… 26、29	千手ヶ浜 …… 83、93
高度経済成長 …… 15、69	桜 …… 76	植物帯 …… 92	千手観音 …… 42、51、54
強飯式 …… 60、101	酒の泉 …… 37	植林活動 …… 107、115	戦場ヶ原 …… 7、12、69、74、88、89、91、92、93、95、115
強飯僧 …… 60	鎖国 …… 27、39、47	白神山地 …… 49	
強飯頂戴人 …… 60、101	薩摩藩 …… 67	白川郷・五箇山の合掌造り集落 …… 49	戦場ヶ原自然研究路コース …… 91
強飯頂戴の儀 …… 60	サル …… 108、109	シラカンバ(シラカバ) …… 14、89、92	扇状地 …… 12
興福寺 …… 61	山岳信仰 …… 9、15、50、51、80、81、115、120	白木造り …… 20	千人桝形 …… 30
弘法大師 …… 61	山岳仏教 …… 50	シラネアオイ …… 93	草原性植物 …… 93
広目天 …… 45	参勤交代 …… 47	白根山 …… 12、81、92	想像の象 …… 20
高野山 …… 50	三猿 …… 20、22	シラビソ …… 92	相輪橖 …… 43
強力 …… 101	三神庫 …… 20	知床 …… 49	そば …… 74、98、99、115
恒霊山 …… 37	三神輿本宮神社渡御祭 …… 59	城山三郎 …… 103	ソフトクリーム …… 99
コガモ …… 95	酸性雨 …… 108	神祇信仰 …… 42、51	
コガラ …… 95	山地帯 …… 92	神枢 …… 29	**た行**
古儀 …… 60	三天合行供・採灯大護摩供 …… 60	神厩舎 …… 20、21	大国殿 …… 38
国際観光都市 …… 15、69、115、120	三仏堂 …… 15、42、43	神橋 …… 33、40、57、58	大使館別荘 …… 62、115
国際避暑地 …… 15、62、63、66、77、96、115	紫雲立寺 …… 57	神剣 …… 53	大正天皇 …… 64、100
国際避暑地史歴史館 …… 62	JR日光駅 …… 64	神庫 …… 20	大谷川 …… 12、15、40、57、81、84、85、101
コクチバス …… 109	シカ …… 108、109	信仰登山 …… 50	
国宝 …… 8、16	シカ保護管理計画 …… 109	人工林 …… 92	大谷橋 …… 81
極楽浄土 …… 25	慈眼大師 …… 61	真言宗 …… 50、61	大猷院 …… 44、45
国連教育科学文化機関 …… 48	諡号 …… 44	『辛酸』 …… 103	滝尾神社 …… 37、59
後光明天皇 …… 44	地獄川 …… 88	深沙大王 …… 40、57	滝尾神社神輿還御祭 …… 59
		新撰組 …… 87	

滝尾神社神輿渡御祭	59
ダケカンバ	92
竹千代	47
田心姫命	36、42、51
立木観音	54
伊達政宗	27
田中正造	15、103、115
タヌキ	94
旅鳥	95
たまり漬け	113
垂木	24
太郎山	36、42、51、80、81、115
壇ノ浦の戦い	87
地球温暖化	109
チャールズ・リンドバーグ	67
中宮祠	36、52、53
中禅寺温泉	86、87、115
中禅寺湖	6、7、12、14、36、40、54、55、57、62、63、75、82、83、84、86、89、92、93、96、98、115
中層湿原	89
鳥獣保護区	94
彫刻師	70
鳥獣害	108、115
長州藩	67
朝鮮王国	29
朝鮮出兵	29
朝鮮戦争	67
朝陽閣	33
朝陽之図	33
ツキノワグマ	94
付祭り	59
蔦	22
ツツジ	76、85
鶴岡八幡宮	30
ツルコケモモ	88
帝国ホテル	67
低層湿原	89
出島	47
照降石	30
テン	94
天海大僧正	15、16、42、43、55、61、115
電気柵	109
伝教大師	61
天台宗	50、61
伝統工芸	70、115
伝統工芸品	70、72、101
伝統的工芸品	73
天然記念物	94
天然氷	98、99、113
天然林	92
田畑永代売買禁止令	47
銅瓦葺き	25、26、37
東京アングリング・アンド・カントリークラブ	63
トウゴクミツバツツジ	84、93
東照宮シアター	32
東照社	15、61
東照社縁起	32
東照大権現	44
銅灯籠	37
登拝講社大祭	80
登拝門	52、53
胴羽目	28
東武ワールドスクウェア 世界建築博物館	111
灯籠	27
登録有形文化財	65、66
トーマス・グラバー	63、67
徳川家綱	44
徳川家光（家光）	9、15、16、29、31、32、39、42、43、44、46、47、56、61、115
徳川家康（家康）	8、15、16、17、21、23、27、29、32、33、34、35、39、47、56、58、61、115
徳川家	16、17、25、27、33、35、39、60
徳川将軍家	56、61
徳川政権	29
徳川宗家	58
徳川秀忠（秀忠）	15、16、35、39、47、56、61、115
特別史跡	56
特別天然記念物	56、94
常世の国	23
外様大名	39
とちおとめ	99
栃木県立日光自然博物館	96
富岡製糸場と絹産業遺産群	49
富弘美術館	112
豊臣家	17、35、39
豊臣秀吉	15、17、27、29、34、61
豊臣秀頼	35
トロッコ列車	104
ドワイト・アイゼンハワー	67

な行

内陸性気候	13
長崎	39、47、67、102
中神庫	20
中村岳陵	33
鳴竜	30、31
名古屋城	35
ナチス	67
那智の滝	84
夏鳥	95
夏の外務省	63
男体山	6、9、15、36、41、42、50、51、52、53、54、55、57、80、81、82、84、89、115
南蛮鉄灯籠	27
南蛮胴具足	32
仁王像	25、44
仁王門	25、44
二元政治	39
ニジマス	63、75、88、98
二社一寺	12、15、40、42、51、52、58、69、100
二条城	35
西六番別荘	63
仁田元川	106
日光秋の花火	101
ニッコウアザミ	89、93
日光運動公園	101
日光街道	56
日光掛水倶楽部	65
日光金谷ホテル	15、65
ニッコウキスゲ	14、93
日光木彫りの里工芸センター	71
日光下駄	70、71、101、115
日光下駄とばし選手権大会	101
日光けっこうフェスティバル	100、101
日光国立公園	13、69、82、89、109、115
日光山	15、42、50、57、61、81、87
日光山温泉寺	86
日光三山	36、42、51、81、115
日光山中興の祖	61
日光山中禅寺	15、54、55、86
日光山内	40、42、45、51、57
日光三名瀑	84
日光山輪王寺	8、9、15、16、42、51、54、60、61、70、86、101、115
日光市小倉山森林公園	71
日光白根山	78、81、93
日光杉	62、99
日光杉並木	13、15、33、56、68、92、115
日光責め	60
日光そばまつり	74
日光だいや川公園	81
日光田母沢御用邸	15
日光田母沢御用邸記念公園	64
日光茶道具	70、71、115
日光堆朱	70
日光電気精銅所	69、100
日光とうがらし	98
日光東照宮	8、12、15、16、18、20、21、22、23、25、27、29、30、31、32、36、40、42、43、47、56、58、61、66、68、69、70、75、85、96、102、114、115
日光東照宮美術館	33
日光東照宮宝物館	32
日光の社寺	8、9、13、15、16、48、49、58、69、98、115
日光富士	80
日光二荒山神社	8、9、16、36、37、38、41、42、43、44、51、52、58、59、70、115
日光二荒山神社奥宮	9、15、53
日光二荒山神社中宮祠	15、52、54、86
日光二荒山神社本社	15
日光彫	70、71、72、115
日光詣	15、68
日光湯波	68、98、99
日光湯元温泉	13、83、86、87、115
日光湯元ビジターセンター	89
日光連山	36、80、81、93、115
日光和楽踊り	100
二天門	45
二の鳥居	25
ニホンカモシカ	94
ニホンザル	94
ニホンザル保護管理計画	108
日本三大石鳥居	30
日本三名瀑	7、84
ニホンジカ	109
日本の歴史公園100選	64
日本橋	56
日本百名山	80
ニホンヤマネ	94
女人堂	55
女峰山	36、41、42、51、80、81、92、115
祢々切丸	52
眠り猫	21、22、23、29
ノーベル賞	67
ノガリヤス	93
ノハナショウブ	89、93
昇竜	22、28

は行

バイケイソウ	93
拝殿	28、29、37、45、46、52、59
ハイマツ	92
獏	22、25、29
ハクサンフウロ	93
ハクビシン	94
化灯籠	37
波之利大黒天	54
ハジロカイツブリ	95
馬頭観音	42、51
花狭間格子	28
花架体	59
破風	65
濱田庄司	73
ハリー・パークス	66
ハルザキヤマガラシ	109
ハンス・ハンター	63
比叡山	50、55、61
日枝神社	38
東インド会社	27
東回廊	29
日暮の門	18
土方歳三	87
備前楯山	102
毘陀羅	45
左甚五郎	21
ひっかき爪	70、72
ヒドリガモ	95
ヒノキ	75
氷室	99
姫路城	48
ヒメジョオン	109
ヒメマス	14、75、88、98、115
百物揃千人武者行列	58
兵太郎	61
平泉 - 仏教(浄土)を表す建築・庭園及び考古学的遺跡群	49
飛竜	22、25
複合遺産	48
ふくべ細工	72、73
袋田の滝	84
武家諸法度	35、47
藤糸丸	57
富士山	50
富士山 - 信仰の対象と芸術の源泉	49
襦袢	33
二現山	41
譜代大名	39
フタスジチョウ	95
二荒	41
補陀落	41
補陀落山	41、80
二荒山	9、36、51、57、80
二荒霊泉	37
不動明王	85
ブナ	92
冬鳥	95
フライフィッシング	88
フランク・ロイド・ライト	67
フランスギク	109
ブルーギル	109
古河市兵衛	15、102
古河鉱業会社	65、69
古河財閥	102
文化遺産	13、48、49
平家の落人	87
別院	44、54
別宮	37
ヘボン博士	66
ヘレン・ケラー	67
鳳凰	23、26
北条氏	15、61
宝塔	29
鳳来寺	17
法隆寺地域の仏教建造物	48
ポール・ディラック	67
ホザキシモツケ	93、95、109
星野富弘	112
戊辰戦争	33
菩提寺	17
牡丹門	45
北極星	16
本宮神社	15、59
本地堂	31
本社	26、28、29、36、52
本殿	18、22、25、27、28、29、36、37、46、52
本能寺の変	34、55
本祭り	59

ま行

マガモ	91
和子	39
益子焼	72、73
マス	98
マスづり	63、83、88
松尾芭蕉	85
松木川	106
松木渓谷	106
末社	38
松平家	17
松平正綱・正信親子	56
マメツヨイグサ	109
魔除けの逆柱	18
三井寺	61
三河	34
神輿	27、58、59
ミズゴケ	89
ミズナラ	89、92
水羊羹	113
三具足	29
三岳	83
密陀彩色	28
三つ葉葵	25、27
朋友神社	38
源 頼朝	27、29
ミネヤナギ	92
三柱の神	36、42、51、59
ミヤマハンノキ	92
明星天子	57
明治維新	15、33、42、51、64、66、68、101、102
明治日本の産業革命遺産 製鉄・製鋼、造船、石炭産業	48
名物料理	98、115
夫婦杉	37
木道	91
モミジ	14
門前町	15、68、113、115

や行

薬師堂	31
薬師の霊水	37
屋久島	48
八坂神社	30
ヤシオツツジ	14
ヤシオマス	75
夜叉	45
家体	59
谷中村	103
ヤナギラン	109
流鏑馬神事	58
山上げ栽培	74
ヤマアワ	93
ヤマヌカボ	93
山伏	50、101
ヤマメ	75
弥生祭	59
ユウガオの実	73
遊水池	103
湯川	7、83、84、88、89、93、115
湯滝	7、83、84、85、88、91、115
湯西川温泉	13、87
ユネスコ	8、15、48、69、115
湯ノ湖	6、12、55、82、83、85、86、88、91、92、115
湯ノ湖一周コース	91
ユリシーズ・グラント	67
宵成祭	58
羊羹	68、113、115
陽明門	8、16、18、19、25、26、27、28、30、32
横山大観	33
寄木細工	28
四百年式年大祭記念行事	32

ら行

落葉広葉樹林	92
ラムサール条約	69、88、89、90、115
ラムサール条約登録湿地	13、15
鴬	23
欄間	28、29
リス	94
竜	18、22、25、26、29、31、45、46
琉球王国のグスク及び関連遺産群	48
竜宮城	46
竜宮門	46
竜頭ノ滝	7、84、85、86、88、91、115
留鳥	95
輪王寺	9、42
輪王寺宮	42
ル・コルビュジエの建築作品 - 近代建築運動への顕著な貢献 -	49
例祭	58
霊獣	18、22、26
例大祭	58、59
例幣使	68
例幣使街道	56
レンゲツツジ	88、93

わ行

ワカサギ	75、98
若年寄	47
ワタスゲ	88、91、93
渡良瀬川	102、103、107
渡良瀬遊水池	103
和様	24

■監修
一般社団法人 日光市観光協会

■取材協力
一般社団法人 日光市観光協会、日光殿堂案内協同組合、日光市立日光図書館、近畿日本ツーリスト株式会社、井上政夫

■構成・取材・執筆
こどもくらぶ
あそび・教育・福祉・国際分野で、毎年100タイトルほどの児童書を企画、編集している。

■編集
(株)エヌ・アンド・エス企画
小林寛則、村上奈美、兼子梨花

■デザイン・制作
菊地隆宣（エヌ・アンド・エス企画）

■地図製作
株式会社周地社（斉藤義弘）

★ポプラ社はチャイルドラインを応援しています★
こまったとき、なやんでいるとき、18さいまでの子どもがかけるでんわ
チャイルドライン®
0120-99-7777
ごご4時～ごご9時 ＊日曜日はお休みです 電話代はかかりません 携帯・PHS OK

この本の情報は、2016年11月までに調べたものです。今後変更になる可能性がありますので、ご了承ください。

□写真協力
一般社団法人 日光市観光協会、日光市行政経営部総務課総務係、公益社団法人 静岡県観光協会、日光東照宮、公益財団法人 日光社寺文化財保存会、日光東照宮宝物館、関ヶ原町歴史民俗博物館、大阪城天守閣、日光二荒山神社、松平西福寺、公益社団法人やまなし観光推進機構、一般社団法人 山口県観光連盟、日光山輪王寺、岡山県立博物館、川越大師 喜多院、一般社団法人 長崎県観光連盟、知床斜里町観光協会、岐阜県白川村役場、日光山中禅寺、栃木県立日光自然博物館、古河機械金属株式会社、日光金谷ホテル、金谷ホテル歴史館、国立研究開発法人 宇宙航空研究開発機構、渋沢史料館、栃木県工業振興課、村上豊八商店、ふくべ洞、田山窯、日光フォトコンテスト実行委員会事務局（日光市教育委員会事務局 生涯学習課）、栃木県環境森林部県西環境森林事務所、清滝養鱒場、釧路市産業振興部観光振興室、日光市役所観光部足尾観光課、一般財団法人 自然公園財団 日光支部、落合商店、なんたい、株式会社大笹牧場、佐野市郷土博物館、足尾銅山観光、NPO法人 足尾歴史館、NPO法人 足尾に緑を育てる会、一般社団法人 鳥獣管理技術協会、環境省 関東地方環境事務所、環境省自然環境局野生生物課外来生物対策室、一般財団法人 自然環境研究センター、株式会社時代村、東武ワールドスクウェア、富弘美術館、株式会社ダイエー、下野新聞社、メイツ出版株式会社、株式会社山川出版社、日光市立日光図書館、宮城県経済商工観光部観光課、一般社団法人 愛知県観光協会、和歌山県広報課

現地の人に聞く！
日光修学旅行ガイド
2017年4月 第1刷発行 ©

発行者　長谷川 均
編　集　堀 創志郎
発行所　株式会社ポプラ社　〒160-8565　東京都新宿区大京町22-1
電　話　03-3357-2212（営業）　03-3357-2635（編集）
振　替　00140-3-149271
ホームページ　http://www.poplar.co.jp（ポプラ社）
印刷・製本　図書印刷株式会社
ISBN978-4-591-15361-1　N.D.C.291/127P/27cm×22cm　Printed in Japan

落丁・乱丁本は、送料小社負担でお取り替えいたします。小社製作部宛にご連絡ください。
【製作部】電話 0120-666-553　受付時間は月～金曜日、9：00～17：00（祝祭日は除く）
読者の皆さまからのお便りをお待ちしております。いただいたお便りは編集部から執筆・制作者へお渡しします。
本書のコピー、スキャン、デジタル化等の無断複製は著作権法上での例外を除き禁じられています。本書を代行業者等の第三者に依頼してスキャンやデジタル化することは、たとえ個人や家庭内での利用であっても著作権法上認められておりません。